2

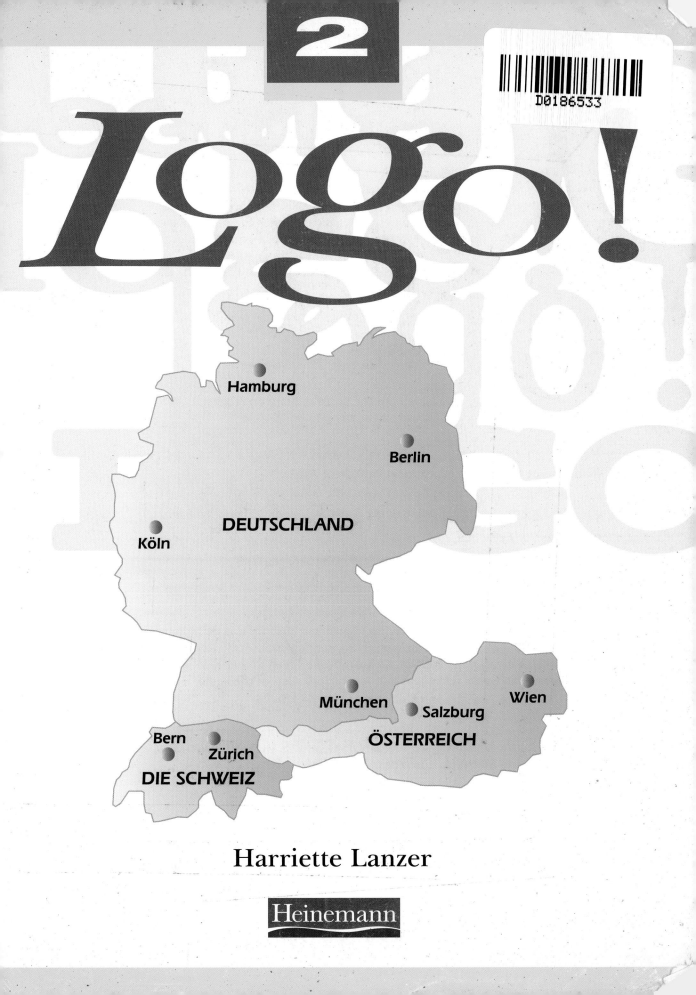

Logo!

DEUTSCHLAND

Hamburg

Berlin

Köln

München Salzburg Wien

ÖSTERREICH

Bern

Zürich

DIE SCHWEIZ

Harriette Lanzer

Heinemann

Heinemann Educational Publishers
Halley Court, Jordan Hill, Oxford OX2 8EJ
Part of Harcourt Education

Heinemann is a registered trademark of Harcourt Education Limited

© Harriette Lanzer

First published 2002

05 10 9 8

A catalogue record for this book is available from the British Library on request.

ISBN 0 435 36660 2

Produced by **AMR** Ltd

Original illustrations © Heinemann Educational Publishers 2002

Illustrations by Art Construction, Adrian Barclay (Beehive Illustration), David Birdsall, Mik Brown, Phillip Burrows, Paul Chappell, Belinda Evans, Ann Johns, Shaun Williams

Cover photo provided by Getty Images

Printed and bound in China by China Translation & Printing Services Ltd.

Acknowledgements

The author would like to thank the Christie family, Miguel and Susan Harris de Morales, Hanne Jung, Rebbecca Ruprecht, Magdalena Wolski; Mr Ronnewinkel, Heinz Kessler and the pupils of the Ville-Gymnasium in Erfstadt, Germany; Julie Green for her help in the making of this course; John Green TEFL tapes and Johan Nordqvist for the audio production.

Songs: **1** Words: Oliver Gray; **2** Music: Lucy Gray, Words: Oliver Gray; **3** Words and music: Oliver Gray; **4** Music: Annabel Gray, Words: Oliver Gray; **5** Music: Annabel Gray, Words: Oliver Gray; **6A** and **6B** Words and music: Oliver Gray.

Photographs were provided by: **Action-Plus/Glyn Kirk** p.51; **Photodisc** p.26 (d); **Chris Ridgers** p.27 (2); **Spectrum Colour Library** p.26 (h); all other photos by **Steve J. Benbow**.

Tel: 01865 888058   www.heinemann.co.uk

Inhalt

Seite

5 Los geht's nach Köln!

6 Unter Freunden

1 Die Kölner Clique

1 Hallo!

Asking for and giving personal details

1a **Hör zu und lies.**

> Hallo! Ich heiße Miguel. Ich bin vierzehn Jahre alt und ich wohne jetzt mit meiner Familie in Berlin. Berlin ist toll, aber ich vermisse die Kölner Clique. Ich habe neue Freunde hier, aber sie sind nicht so lustig wie Hanne, Miriam, Stefan und Lena.

> Grüß dich! Wir sind die Kölner Clique und wir wohnen in Köln! Wir sind dreizehn und vierzehn Jahre alt und wir gehen ins Ville-Gymnasium. Wir sind in der siebten Klasse. Am Samstagnachmittag fahren wir immer ins Stadtzentrum. Letztes Jahr waren wir fünf in der Clique, aber jetzt wohnt Miguel in Berlin.

> Guten Tag!

> Hallo!

> Tag!

Miriam   Hanne   Stefan   Lena

1b **Beantworte die Fragen.**
Beispiel: 1 Sie wohnen in Köln.

1 Wo wohnen Hanne, Miriam, Stefan und Lena? Sie wohnen in …
2 Wo wohnt Miguel? Er wohnt in …
3 In welcher Klasse sind Hanne, Miriam, Stefan und Lena? Sie sind in …
4 Wie alt ist Miguel? Er ist …
5 Was machen Hanne, Miriam, Stefan und Lena am Samstagnachmittag? Sie fahren …
6 Wie findet Miguel Berlin? Er findet Berlin …

2 **Hör zu. Schreib die Tabelle ab und füll sie aus. (1–5)**

	Name	Alter	Geburtstag	Wohnort	Hobbys
1	Stefan Rotmann	13	22. Sep.	Köln	Radfahren, Fußball spielen, Musik hören

3 Partnerarbeit. Mach Interviews mit Stefan, Hanne, Miriam, Miguel und Lena.

Beispiel: ▲ Wie heißt du?
            ● Ich heiße (Stefan).
            ▲ Wie alt bist du, (Stefan)?
            ● Ich bin (dreizehn) Jahre alt.
            ▲ Und wann hast du Geburtstag?
            ● Ich habe am (zweiundzwanzigsten September) Geburtstag.

            ▲ Wo wohnst du?
            ● Ich wohne in (Köln).
            ▲ Was sind deine Hobbys?
            ● Ich (fahre gern Rad), ich (spiele gern Fußball) und ich (höre gern Musik).

Ich	fahre	gern	Rad.
	spiele		Handball/Fußball/Klavier. am Computer.
	höre		Musik/Popmusik.
	gehe		einkaufen / schwimmen / ins Kino.
	tanze		
	sehe		fern.

Vergiss die Fragen nicht!
Wie? Wann? Wo? Was?
Was heißt das auf Englisch?

 4a Sieh dir die Tabelle an. Wer sagt das?

Beispiel: 1 Hanne und Miguel

1 Wir hören gern Musik.
2 Ich wohne in Berlin.
3 Wir sind vierzehn Jahre alt.
4 Ich fahre gern Rad.
5 Ich spiele gern Fußball.
6 Ich tanze gern.

Hanne	14	Köln				
Miguel	14	Berlin				

4b Ergänze die Sätze.

Beispiel: 1 Hanne fährt gern Rad.

1 Hanne … gern Rad.
2 Hanne und Miguel … vierzehn Jahre alt.
3 Hanne … in Köln.
4 Miguel … gern fern.
5 Hanne und Miguel … gern ins Kino.
6 Hanne … Tennisfan.

Grammatik

The present tense

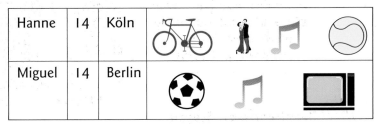

	ich (I)	du (you)	er (he) / sie (she)	wir (we) / sie (they)
wohnen	wohne	wohnst	wohnt	wohnen
gehen	gehe	gehst	geht	gehen
PASS AUF!				
fahren	fahre	fährst	fährt	fahren
sehen	sehe	siehst	sieht	sehen
sein	**bin**	**bist**	**ist**	**sind**

Lern weiter ▶ 3.1, Seite 125; 3.2, Seite 126

2 Wie ist das Wetter?

Talking about the weather and seasons

Verstehst du die Wörter? Wenn nicht, schau ins Wörterbuch!

frostig *adj* (lit, fig) frosty

HÖREN 1

Hör zu und wiederhole. Welches Bild ist das? (1–12)
Beispiel: 1 h

Wie ist das Wetter?

a Es ist schön.
b Es ist sonnig.
c Es ist kalt.
d Es ist heiß.
e Es ist wolkig.
f Es ist neblig.

g Es ist frostig.
h Es ist windig.
i Es ist warm.
j Es donnert und blitzt.
k Es regnet.
l Es schneit.

SPRECHEN 2

Partnerarbeit. Sieh dir die Karte an.
Beispiel:
▲ Wie ist das Wetter in (München)?
● Es (schneit) und es ist (kalt und frostig).
▲ (Richtig.)
● Wie ist das Wetter in (Berlin)?

Hamburg
Berlin
Köln
Leipzig
Dresden
München

LESEN 3

Wie ist das Wetter?
Beispiel: 1 Es ist kalt.

1 Ich trage zwei Pullover und warme Socken.
2 Super! Alles ist weiß und wir fahren Ski.
3 Es gibt so viel Wasser – das ist schrecklich.
4 Ein toller Tag zum Windsurfen!
5 Keine Schule heute! Es ist dreiunddreißig Grad!
6 Radtour und Picknick. Das ist eine gute Idee für heute!

im Winter   im Frühling   im Sommer   im Herbst

LESEN 4

Lies die E-Mail. Wann macht Stefan das?
Beispiel: a im Winter

>Stefan,
>Hilfe! Unsere Klasse hat eine deutsche Woche. Ich muss über Sport in Deutschland sprechen.
>Habt ihr Sport in der Schule?
>Chloe :-)
_____
Chloe!
Keine Panik! In der Schule haben wir dreimal in der Woche Sport. Im Winter spielen wir Handball, und im Sommer machen wir Leichtathletik. Meinen Lieblingssport Skifahren mache ich im Winter. Im Frühling ist es oft windig und wir gehen windsurfen. Jetzt ist es Herbst und das Wetter ist OK – ich spiele Tennis mit meinen Freunden, oder wir machen eine Radtour. Ich habe ein neues Fahrrad – damit fahre ich jetzt super schnell!
Stefan

a
b
c
d
e
f

HÖREN 5

Hör zu. Schreib die Tabelle ab und füll sie aus. (1–5)

	Lieblingsjahreszeit	Wetter	Sport
1	Winter	kalt / es schneit	Skifahren

SPRECHEN 6

Partnerarbeit.
Beispiel: ▲ Was machst du im (Sommer)?
          ● Im (Sommer) (gehe ich schwimmen).

Im	Sommer	gehe		schwimmen/windsurfen.
	Herbst	spiele	ich	Tennis/Hockey/Rugby/…
	Winter			
	Frühling	mache		Radtouren/Leichtathletik.

G rammatik

Word order: verb = number 2

1	2	3	
Im Sommer	gehe	ich	schwimmen.
Im Herbst	spiele	ich	Tennis.

Lern weiter ▶ 4.2, Seite 129

SCHREIBEN 7

Was machst du im Sommer, Herbst, Frühling und Winter?
Beispiel: Im Sommer gehe ich schwimmen. Das finde ich toll und lustig.

HÖREN 8

Hör zu und sing mit.

3 In der Klasse

Asking and understanding questions in class

1a Hör zu und wiederhole. (1–10)

1 Können Sie mir bitte helfen?

2 Können Sie bitte langsamer sprechen?

3 Herr Meyer, darf ich das Fenster aufmachen?

10 Verstehst du das?

9 Kannst du das bitte wiederholen?

8 Emir und Tanja, versteht ihr das?

7 Kannst du mir bitte helfen?

6 Nehmt eure Bücher und Hefte raus.

5 Seid ihr fertig?

4 Frau Jensbach, darf ich mal aufs Klo?

1b Was passt zusammen? Wie heißen die Sätze 1–10 oben auf Englisch?
Beispiel: a 8

a Emir and Tanja, do you understand that?
b Take out your textbooks and exercise books.
c Mr Meyer, may I open the window?
d Can you help me, please? (to a friend)
e Can you help me, please? (to a teacher)
f Mrs Jensbach, may I go to the toilet?
g Are you ready?
h Can you speak more slowly, please?
i Can you repeat that, please?
j Do you understand that?

Grammatik

You

du	(to a friend or member of the family)	Kannst du ...?
Sie	(to one or more adults)	Können Sie ...?
ihr	(to two or more friends)	Könnt ihr ...?

Lern weiter ▶ 2, Seite 124

1c Mach drei Listen für die Sätze 1–10 aus Übung 1a.

du | du | Sie | ihr

1 Können Sie mir bitte helfen?

2 **Was sagen sie? Ergänze die Sätze. Dann hör zu und überprüfe es.**

Beispiel: **1** Darf ich das Fenster aufmachen?

1 Du → Lehrer/in **Fenster aufmachen?**   **4** Lehrer/in → du **fertig?**

2 Du → Partner/in **helfen?**   **5** Lehrer/in → Klasse **verstehen?**

3 Du → Lehrer/in **sprechen?**   **6** Lehrer/in → Klasse **Bücher/Hefte rausnehmen**

3a **Hör zu. Welches Bild ist das? (1–4)**

Beispiel: **1** d

a

b

c

d

3b **Schreib einen kleinen Dialog für jedes Bild auf. Lest eure Dialoge vor.**

Beispiel: a ▲ Herr Meyer, darf ich mal aufs Klo?
          ● Ja, klar!

4 **So spricht man „ü", „ö"
und „ä" aus! Hör zu
und wiederhole.**

Im Frühling ist es ideal für ein Picknick
– dann lese ich viele Bücher.
Hör zu! Im Winter ist es nicht schön
und ich fahre dann nach Köln.
Im März besuche ich Mitzi – sie ist
ein tolles Mädchen.

MINI-TEST

Check that you can:
- ask for and give personal details
- ask and say what the weather is like
- ask a friend what he/she does and say
  what you do in the different seasons

- ask your teacher or a friend for help
- understand what your teacher says

4 Gestern Nachmittag

Saying what you did yesterday
Asking a friend what he/she did yesterday

1 Klaus

Ich habe am Computer gespielt.

1a Hör zu und lies.

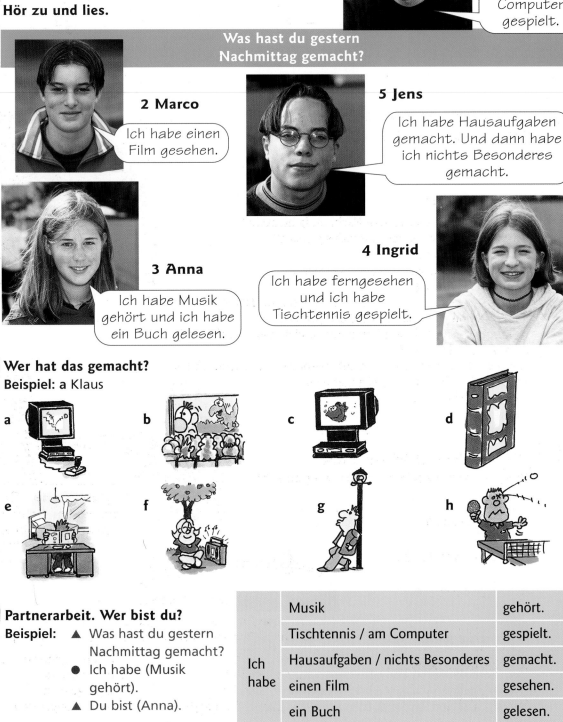

Was hast du gestern Nachmittag gemacht?

2 Marco

Ich habe einen Film gesehen.

5 Jens

Ich habe Hausaufgaben gemacht. Und dann habe ich nichts Besonderes gemacht.

3 Anna

Ich habe Musik gehört und ich habe ein Buch gelesen.

4 Ingrid

Ich habe ferngesehen und ich habe Tischtennis gespielt.

1b Wer hat das gemacht?
Beispiel: a Klaus

a   b   c   d

e   f   g   h

1c Partnerarbeit. Wer bist du?
Beispiel: ▲ Was hast du gestern
Nachmittag gemacht?
● Ich habe (Musik
gehört).
▲ Du bist (Anna).

Ich habe	Musik	gehört.
	Tischtennis / am Computer	gespielt.
	Hausaufgaben / nichts Besonderes	gemacht.
	einen Film	gesehen.
	ein Buch	gelesen.
		ferngesehen.

2a **Hör zu. Was haben sie gestern Nachmittag gemacht? (1–6)**
Beispiel: **1** g, c, …

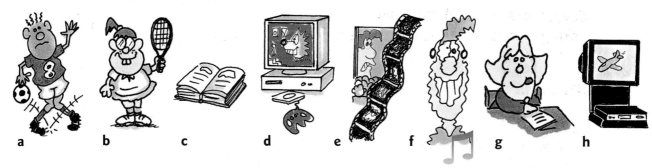

a   b   c   d   e   f   g   h

2b **Schreib Sätze für die Bilder a–h oben.**
Beispiel: **a** Ich habe Fußball gespielt.

3a **Hör zu und lies.**

Stefan:	Was hast du gestern Nachmittag gemacht?
Hanne:	Ach, Stefan. Ich habe vieles gemacht!
Stefan:	Was denn?
Hanne:	Ich habe Hausaufgaben gemacht.
Stefan:	Langweilig!
Hanne:	Ja, aber ich habe auch eine Tanzstunde gehabt – das war toll.
Stefan:	Und was hast du am Abend gemacht?
Hanne:	Tja, ich habe am Computer gespielt und ich habe ein Buch gelesen.
Stefan:	Ja, und dann?
Hanne:	Ach, dann habe ich nichts Besonderes gemacht. Ich habe ferngesehen.
Stefan:	Und hast du Miguel angerufen?
Hanne:	Vielleicht ….

3b **Was sagt Hanne? Schreib Sätze.**
Beispiel: **1** Ich habe Hausaufgaben gemacht.

1   Hausaufgaben

2   eine Tanzstunde

3   am Computer

4   ein Buch

5   nichts Besonderes

6   Miguel

> Hast du das Partizip vergessen? Kein Problem! Schau in die Verbtabelle auf Seite 133!

Verb list

infinitive	English	past participle
abfahren*	to leave	abgefahren
anrufen	to ring up	angerufen
besichtigen	to visit (place)	besichtigt
besuchen	to visit (person)	besucht
bleiben*	to stay	geblieben
essen	to eat	gegessen
gehen*	to go	gegangen
fahren*	to drive	gefahren
faulenzen	to laze	gefaulenzt
fernsehen	to watch TV	ferngesehen
fliegen*	to fly	geflogen
haben	to have	gehabt
hören	to hear	

Grammatik

The perfect tense with *haben*

ich habe / du hast + *participle at the end*
Ich habe Tischtennis **ge**spiel**t**.   Du hast einen Film **ge**seh**en**.

spielen – **ge**spiel**t**	machen – **ge**mach**t**
hören – **ge**hör**t**	haben – **ge**hab**t**
sehen – **ge**seh**en**	lesen – **ge**les**en**
fernsehen – fern**ge**seh**en**	anrufen – an**ge**ruf**en**

Lern weiter ▶ 4.6, Seite 131

5 Gestern Vormittag

Talking about what somebody else did yesterday

1a Hör zu und lies.

Gestern war ein schrecklicher Tag für Stefan! Er hat den Wecker nicht gehört und er hat bis acht Uhr geschlafen!

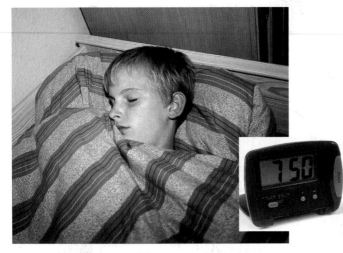

Stefan ist sehr schnell aus dem Haus gegangen. Er war hungrig und er ist in den Supermarkt gegangen. Aber an der Kasse hatte er ein Problem – sein Geld war zu Hause. Das Resultat: Stefan hat kein Frühstück gegessen.

Es war sehr kalt und windig und dann hat es auch geregnet! Stefan war total kalt und … hungrig.

Um neun Uhr war Stefan an der Schule. Er ist direkt ins Klassenzimmer gegangen. Aber wo war die Klasse? An der Wand war ein Poster:

war	*was*
hatte	*had*

Montag, den 17. September

Klasse 7F Klassenfahrt ins Stadtmuseum

Wir treffen uns um 9.00 Uhr im Museum
Kommt nicht zu spät!

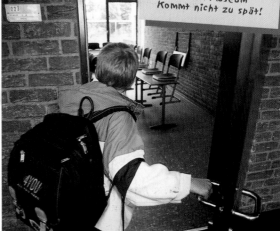

Grammatik

The perfect tense with *haben* and *sein*

Verb = number 2 + participle at the end

1	2	3	*participle*
Er	**hat**	den Wecker nicht	**gehört.**
Er	**ist**	ins Klassenzimmer	**gegangen.**

Lern weiter ▶ 4.6, Seite 131

1b **Lies den Text. Richtig oder falsch?**
Beispiel: **1** Richtig

I Stefan hat den Wecker nicht gehört.
2 Stefan hat bis neun Uhr geschlafen.
3 Er ist schnell aus dem Haus gegangen.
4 Er hat ein großes Frühstück gegessen.
5 Das Wetter war kalt und windig.

6 Es hat nicht geregnet.
7 Um neun Uhr war Stefan an der Schule.
8 An der Wand war ein Buch.
9 Die Klasse ist ins Museum gegangen.
10 Um neun Uhr war die Klasse im Museum.

2a **Finde diese Partizipien im Text und übersetze sie.**
Beispiel: **1** regnen – geregnet – *rained*

I regnen **2** essen **3** gehen **4** schlafen

2b **Finde alle Partizipien im Text. Mach zwei Listen.**

er hat	er ist
gehört	

3a **Hör zu. Wer spricht? (1–8)**
Beispiel: **1** a

a Sabine   **b** Ben   **c** Maria   **d** Thomas
e Lan   **f** Willi   **g** Mehmet   **h** Bettina

3b **Was haben sie gestern Abend gemacht? Schreib Sätze für die Bilder a–h oben.**
Beispiel: **a** Sabine ist ins Kino gegangen.

3c **Partnerarbeit.**
Beispiel:
▲ Was hat (Maria) gestern Abend gemacht?
● Sie (ist einkaufen gegangen). Was hat (Thomas) gestern Abend gemacht?
▲ Er (hat …)

Er	hat	Musik	gehört.
		Tischtennis/Handball/Tennis	gespielt.
		ein Buch	gelesen.
Sie		Hausaufgaben	gemacht.
			ferngesehen.
	ist	einkaufen	gegangen.
		ins Café/Kino	

6 Wie spät ist es?

Telling the time
Talking about what you did at certain times

HÖREN 1 **Hör zu und wiederhole.**

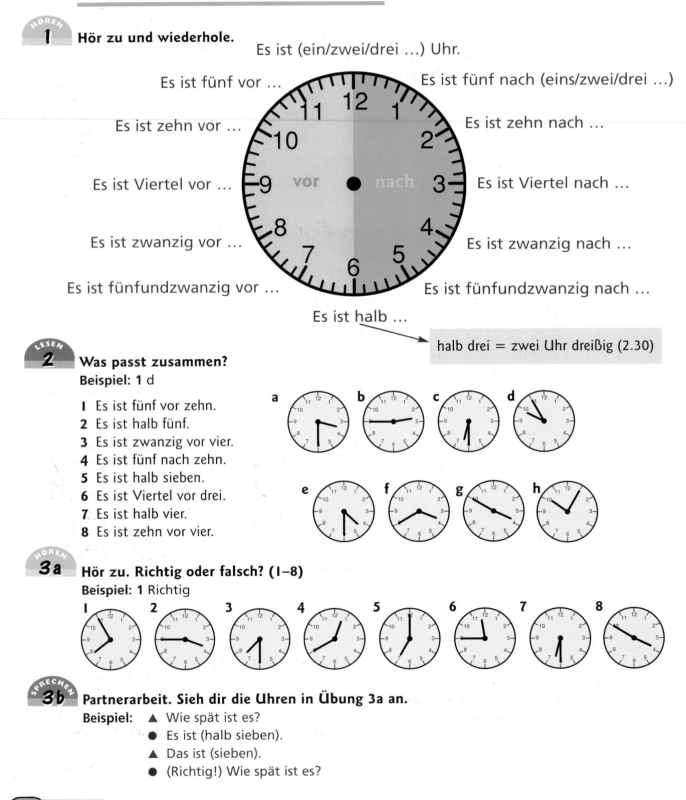

Es ist (ein/zwei/drei ...) Uhr.

Es ist fünf vor ...

Es ist fünf nach (eins/zwei/drei ...)

Es ist zehn vor ...

Es ist zehn nach ...

Es ist Viertel vor ...

vor   nach

Es ist Viertel nach ...

Es ist zwanzig vor ...

Es ist zwanzig nach ...

Es ist fünfundzwanzig vor ...

Es ist fünfundzwanzig nach ...

Es ist halb ...

halb drei = zwei Uhr dreißig (2.30)

LESEN 2 **Was passt zusammen?**
Beispiel: **1** d

1 Es ist fünf vor zehn.
2 Es ist halb fünf.
3 Es ist zwanzig vor vier.
4 Es ist fünf nach zehn.
5 Es ist halb sieben.
6 Es ist Viertel vor drei.
7 Es ist halb vier.
8 Es ist zehn vor vier.

HÖREN 3a **Hör zu. Richtig oder falsch? (1–8)**
Beispiel: **1** Richtig

SPRECHEN 3b **Partnerarbeit. Sieh dir die Uhren in Übung 3a an.**
Beispiel: ▲ Wie spät ist es?
● Es ist (halb sieben).
▲ Das ist (sieben).
● (Richtig!) Wie spät ist es?

4a Was passt zusammen?

Beispiel: 1 c

1 Gestern Abend habe ich ferngesehen, aber der Film um Viertel vor acht war langweilig.

2 Um fünf nach acht hat Rebecca angerufen.

3 Ich habe am Computer gespielt. Um halb sieben habe ich eine E-Mail aus Australien gelesen!

4 Ich habe Hausaufgaben gemacht und um Viertel nach neun war ich damit fertig!

5 Ich habe ein Buch gelesen, aber um halb neun hat meine Schwester laute Musik gehört. Das war nicht gut!

4b Ordne die Sätze (1–5 oben) und schreib die Uhrzeiten auf.

Beispiel: 3 6.30, …

5 Partnerarbeit. Bist du Alex, Hans oder Sophie?

Beispiel:
▲ Was hast du gestern um (halb drei) gemacht?
● Um (halb drei) habe ich (ferngesehen).
▲ Bist du (Alex)?
● Ja. Was hast du gestern um (Viertel vor drei) gemacht?

Alex

Hans

Sophie

6 Du bist Alex, Hans oder Sophie. Was hast du gestern gemacht und wann? Schreib fünf Sätze.

Beispiel: Um halb drei habe ich ferngesehen.

Grammatik

Word order in the perfect tense
Verb = number 2 + participle at the end

1	2	3	*participle*
Ich	habe	einen Film	gesehen.
Um halb drei	habe	ich einen Film	gesehen.

Lern weiter ▶ 4.6, Seite 131

7 Alibis

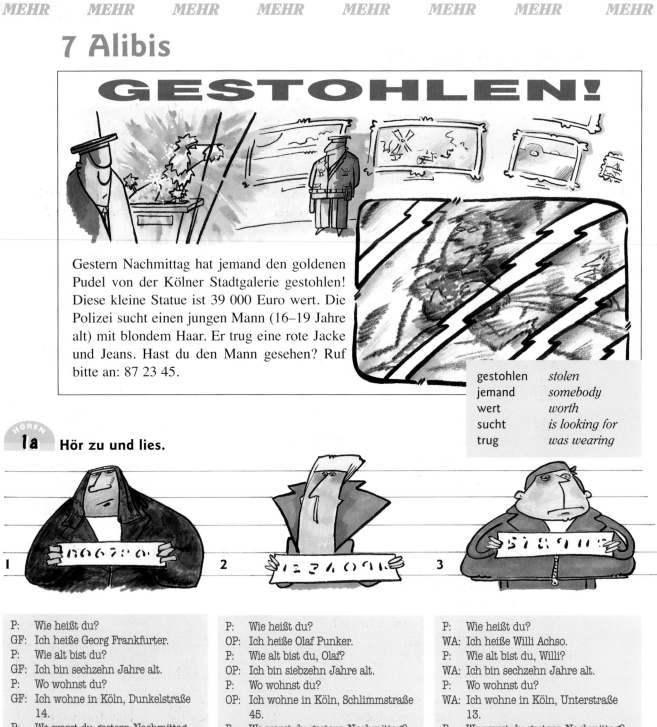

GESTOHLEN!

Gestern Nachmittag hat jemand den goldenen Pudel von der Kölner Stadtgalerie gestohlen! Diese kleine Statue ist 39 000 Euro wert. Die Polizei sucht einen jungen Mann (16–19 Jahre alt) mit blondem Haar. Er trug eine rote Jacke und Jeans. Hast du den Mann gesehen? Ruf bitte an: 87 23 45.

gestohlen	*stolen*
jemand	*somebody*
wert	*worth*
sucht	*is looking for*
trug	*was wearing*

1a Hör zu und lies.

1
P: Wie heißt du?
GF: Ich heiße Georg Frankfurter.
P: Wie alt bist du?
GF: Ich bin sechzehn Jahre alt.
P: Wo wohnst du?
GF: Ich wohne in Köln, Dunkelstraße 14.
P: Wo warst du gestern Nachmittag, Georg?
GF: Äh … gestern Nachmittag? Ach, ja, ich war in der Stadt.
P: Und was hast du dort gemacht?
GF: Ich bin ins Kino gegangen. Ich habe den Film Dieb im Auto gesehen.
P: Um wie viel Uhr war das?
GF: Tja, das war um Viertel nach drei.
P: Vielen Dank, Georg.

2
P: Wie heißt du?
OP: Ich heiße Olaf Punker.
P: Wie alt bist du, Olaf?
OP: Ich bin siebzehn Jahre alt.
P: Wo wohnst du?
OP: Ich wohne in Köln, Schlimmstraße 45.
P: Wo warst du gestern Nachmittag?
OP: Äh, … o, ja, ich war in Düsseldorf.
P: Ach, ja? Was hast du dort gemacht?
OP: Ich bin einkaufen gegangen und dann bin ich zum Internet-Café gegangen. Ich habe dort am Computer gespielt.
P: Und wie war das Wetter gestern Nachmittag in Düsseldorf, Olaf?
OP: Tja, es war sonnig und warm.
P: Vielen Dank, Olaf.

3
P: Wie heißt du?
WA: Ich heiße Willi Achso.
P: Wie alt bist du, Willi?
WA: Ich bin sechzehn Jahre alt.
P: Wo wohnst du?
WA: Ich wohne in Köln, Unterstraße 13.
P: Wo warst du gestern Nachmittag?
WA: Ich war in Stuttgart.
P: Und was hast du dort gemacht?
WA: Also, um Viertel vor zwei habe ich eine Tanzstunde gehabt, und dann habe ich nichts Besonderes gemacht.
P: Wie war das Wetter gestern Nachmittag in Stuttgart?
WA: Tja, es war sehr windig und kalt.
P: Vielen Dank, Willi.

1b **Ist das Georg, Olaf oder Willi?**
Beispiel: **1** Olaf

1 Wer ist siebzehn Jahre alt?
2 Wer war gestern in Stuttgart?
3 Wer wohnt im Haus Nummer dreizehn?
4 Wer hat gestern einen Film gesehen?

5 Wer ist einkaufen gegangen?
6 Wer hat am Computer gespielt?
7 Wer hat eine Tanzstunde gehabt?
8 Wer war in einer windigen Stadt?

 1c **Detektiv-Arbeit! Sieh dir die Dokumente an und lies die Interviews nochmal durch.
Wer hat den Pudel gestohlen: Georg, Olaf oder Willi? Das heißt: wer hat gelogen?**

Heute im Saal 1
Dieb im Auto
12.15, 15.15, 17.15
ein spannender Film
aus Amerika!

Internet-Café Düsseldorf
jeden Tag von
7.30 bis 19.30
geöffnet!

Tanzschule Heiß,
Stuttgart
Tanzstunden:
8–14 Jahre 13.45–14.45
15–18 Jahre 16.00–17.00

2 **Partnerarbeit. Übt Polizei-Interviews. Die Interviews auf Seite 18 helfen euch dabei.**
Beispiel: ▲ Wie heißt du?
● Ich heiße (Lisa Nichtgut).
▲ Wie alt bist du?
● Ich bin (siebzehn) Jahre alt.

1
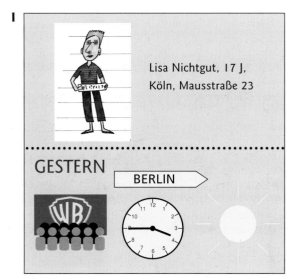
Lisa Nichtgut, 17 J,
Köln, Mausstraße 23

GESTERN   BERLIN

2

Nick Ratte, 18 J,
Köln, Lügestraße 3

GESTERN   KÖLN

Lernzieltest   Check that you can:

1 ●	ask for personal details	*Wie heißt du? Wie alt bist du?*
		Wann hast du Geburtstag?
		Wo wohnst du? Was sind deine Hobbys?
●	give your personal details	*Ich heiße Ben. Ich bin vierzehn Jahre*
		alt. Ich habe am siebten Januar
		Geburtstag.
		Ich wohne in Berlin. Ich fahre gern Rad
		und ich höre gern Musik.
2 ●	ask what the weather is like	*Wie ist das Wetter in Berlin?*
●	say what the weather is like	*Es ist kalt/windig/heiß. Es regnet/schneit.*
●	ask a friend what he/she does in the	*Was machst du im Winter/Herbst/*
	different seasons	*Sommer/Frühling?*
●	say what you do in the different seasons	*Im Sommer gehe ich schwimmen.*
3 ●	ask your teacher for help	*Können Sie bitte langsamer sprechen?*
●	ask a friend for help	*Kannst du das bitte wiederholen?*
●	understand what your teacher says	*Versteht ihr das? Nehmt eure Bücher raus.*
4 ●	ask a friend what he/she did yesterday	*Was hast du gestern gemacht?*
●	say what you did yesterday	*Ich habe Hausaufgaben gemacht.*
		Ich habe am Computer gespielt.
5 ●	talk about what somebody else did	*Er hat ein Buch gelesen. Sie ist ins Café*
	yesterday	*gegangen.*
6 ●	ask what time it is	*Wie spät ist es?*
●	say what time it is	*Es ist Viertel vor drei. Es ist halb sieben.*
●	ask a friend what he/she did at a	*Was hast du gestern um drei Uhr*
	certain time	*gemacht?*
●	say what you did at a certain time	*Um zehn nach acht habe ich*
		ferngesehen.

Wiederholung

HÖREN

1 Hör zu. Wie spät ist es? (1–8)
Beispiel: **1** 5.15

2 Hör zu. Was haben sie gestern Nachmittag gemacht? (1–8)
Beispiel: **1** b

a   b   c   d

e   f   g   h

3 Partnerarbeit. Mach Interviews.

Beispiel: ▲ Wie heißt du?
   ● Ich heiße (Chloe).
   ▲ Wo wohnst du?
   ● Ich wohne in (Sydney).
   ▲ Wie alt bist du?
   ● Ich bin (zwölf) Jahre alt.
   ▲ Wann hast du Geburtstag?
   ● Ich habe am (siebten Juni) Geburtstag.
   ▲ Was hast du gestern Abend gemacht?
   ● Ich (habe Fußball gespielt).

LESEN

4 Lies den Text und ordne die Bilder.
Beispiel: g, …

Gestern Nachmittag

Um zwei Uhr habe ich Hausaufgaben gemacht. Um halb vier habe ich Fußball gespielt und dann bin ich ins Internet-Café gegangen. Ich habe dort ein Buch gelesen und am Computer gespielt. Ich habe auch Patrick angerufen. Um sechs Uhr habe ich einen Film gesehen und um halb zehn bin ich ins Bett gegangen.

SCHREIBEN

5 Ordne die Sätze.

Beispiel: **1** Ich habe Hausaufgaben gemacht.

1 gemacht Hausaufgaben habe Ich
2 Musik gehört Ich habe
3 habe Ich ferngesehen
4 am Computer hat Er gespielt
5 habe ein Buch gelesen Ich
6 nichts Besonderes Ich gemacht habe
7 ich angerufen habe Nicky Um zehn Uhr
8 Um acht Uhr sie gegangen ist ins Kino

Wörter

Das Wetter — The weather

Es ist ... — It's ...
- frostig. — frosty.
- heiß. — hot.
- kalt. — cold.
- neblig. — foggy.
- schön. — fine.
- sonnig. — sunny.
- warm. — warm.
- windig. — windy.
- wolkig. — cloudy.

Es donnert und blitzt. — There's thunder and lightning.

Es regnet. — It's raining.
Es schneit. — It's snowing.
im Sommer — in summer
im Herbst — in autumn
im Winter — in winter
im Frühling — in spring
Wie ist das Wetter in Köln? — What's the weather like in Cologne?
Was machst du im Sommer? — What do you do in the summer?

Im Klassenzimmer — In the classroom

Können Sie ... — Can you (polite) ...
Kannst du ... — Can you ... (informal)
- mir bitte helfen? — help me, please?
- bitte langsamer sprechen? — speak slower, please?
- das bitte wiederholen? — repeat that, please?
Verstehst du das? — Do you understand that? (singular)
Versteht ihr das? — Do you understand that? (plural)
Nehmt eure Bücher und Hefte raus. — Take your textbooks and exercise books out.
Seid ihr fertig? — Are you ready?
Darf ich mal aufs Klo? — May I go to the toilet?
Darf ich das Fenster aufmachen? — May I open the window?
Herr — Mr
Frau — Mrs

Gestern — Yesterday

gestern Abend — yesterday evening
gestern Nachmittag — yesterday afternoon
gestern Vormittag — yesterday morning
Ich habe ... — I ...
Er/Sie hat ... — He/She ...
- Hausaufgaben gemacht. — did homework.
- nichts Besonderes gemacht. — did nothing special.
- ferngesehen. — watched television.
- Musik gehört. — listened to music.
- Fußball gespielt. — played football.
- Handball gespielt. — played handball.
- am Computer gespielt. — played on the computer.
- Tischtennis gespielt. — played table tennis.
- Thomas angerufen. — rang up Thomas.
- ein Buch gelesen. — read a book.
- eine Tanzstunde gehabt. — had a dancing lesson.
- einen Film gesehen. — saw a film.
- geschlafen. — slept.
- gegessen. — ate.
Es hat geregnet. — It rained.
Er/Sie ist ... — He/She
- ins Kino gegangen. — went to the cinema.
- ins Café gegangen. — went to the café.
- einkaufen gegangen. — went shopping.

Die Uhrzeit — The time

Es ist ... — It's ...
- drei Uhr. — three o'clock.
- halb elf. — half past ten.
- Viertel vor — quarter to
- Viertel nach — quarter past
- fünf vor — five to
- zwanzig vor — twenty to
- zehn nach — ten past
- fünfundzwanzig nach — twenty-five past
Wie spät ist es? — What's the time?
Was hast du um ... gemacht? — What did you do at ...?
Um ... habe ich ... — At ... I ...

Beantworte die Fragen.	Answer the questions.
Beispiel.	Example.
Benutzt.	Use.
Beschreib.	Describe.
Beschrifte.	Label.
Ergänze die Fragen/Sätze/Tabelle.	Complete the questions/sentences/table.
Finde.	Find.
Füll die Lücken/Tabelle aus.	Fill in the blanks/table.
Gruppenarbeit.	Groupwork.
Hör zu und lies.	Listen and read.
Hör (nochmal) zu und wiederhole.	Listen (again) and repeat.
Hör zu und überprüfe es.	Listen and check.
Hör zu und sing mit.	Listen and sing along.
Kopiere die Tabelle und füll sie aus.	Copy the table and fill it out.
Korrigiere die Sätze.	Correct the sentences.
Lern ... auswendig.	Learn ... by heart.
Lies den Brief / den Text / die E-Mail.	Read the letter/text/e-mail.
Mach Dialoge.	Make up dialogues.
Mach Interviews.	Do interviews.
Mach Listen/Notizen.	Make lists/notes.
Ordne die Bilder/Sätze.	Put the pictures/sentences in order.
Partnerarbeit.	Pairwork.
Rate mal!	Guess!
Richtig oder falsch?	True or false?
Richtig, falsch oder nicht im Text?	True, false or not in the text?
Schau ins Wörterbuch.	Look in the dictionary.
Schreib die Tabelle ab.	Copy the table.
Schreib die Sätze fertig.	Finish off the sentences.
Schreib Sätze.	Write sentences.
Sieh dir ... an.	Look at ...
So spricht man ... aus!	How to pronounce ...!
Suche.	Look for.
Überprüfe es.	Check.
Übersetze.	Translate.
Übt Dialoge.	Practise dialogues.
Verbinde die Satzhälfte.	Match the sentence halves.
Übung.	Exercise.
Vergleich deine Listen mit einem Partner / einer Partnerin.	Compare your list with a partner.
Wähl die richtige Antwort aus.	Choose the correct answer.
Was ist das?	What is it?
Was passt zusammen?	What goes together?
Was heißt das auf Englisch?	How do you say that in English?
Welches Bild ist das?	Which picture is it?
Wie spricht man das auf Deutsch aus?	How do you pronounce that in German?
Würfle.	Throw (the dice).
Zeichne.	Draw.

1 Meine Ferien

Talking about a recent holiday

HÖREN
1 Hör zu und wiederhole.

Ich bin nach München in Bayern gefahren.

6 Miriam

Ich bin nach Berlin gefahren.

5 Miguel

Bist du in den Ferien weggefahren?

Ich bin nach Irland gefahren.

1 Lena

Schottland

Irland

England

Wales

Frankreich

Spanien

Deutschland

Österreich

Italien

Griechenland

Ich bin nach Spanien gefahren.

2 Stefan

Ich bin nach Italien gefahren.

3 Hanne

4 Chloë

Ich bin nach Griechenland gefahren.

HÖREN
2a Hör zu. Was passt zusammen? (1–6)
Beispiel: 1 c

a

b

c

d

e

f

SPRECHEN
2b Was sagen die Leute aus Übung 2a?
Beispiel: a Ich bin nach Griechenland gefahren.

SCHREIBEN
2c Was sagen die Leute aus Übung 2a? Schreib es auf.

LESEN 3 — Lies den Text und ordne die Bilder. Mach drei Listen.

zu Hause	Hamburg	Spanien
d, ...		

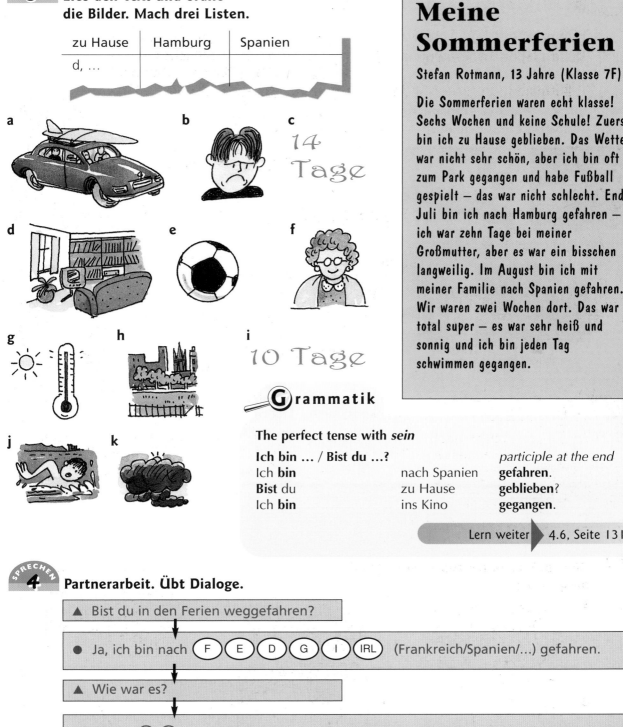

a

b

c
14 Tage

d

e

f

g

h

i
10 Tage

j

k

Meine Sommerferien

Stefan Rotmann, 13 Jahre (Klasse 7F)

Die Sommerferien waren echt klasse! Sechs Wochen und keine Schule! Zuerst bin ich zu Hause geblieben. Das Wetter war nicht sehr schön, aber ich bin oft zum Park gegangen und habe Fußball gespielt – das war nicht schlecht. Ende Juli bin ich nach Hamburg gefahren – ich war zehn Tage bei meiner Großmutter, aber es war ein bisschen langweilig. Im August bin ich mit meiner Familie nach Spanien gefahren. Wir waren zwei Wochen dort. Das war total super – es war sehr heiß und sonnig und ich bin jeden Tag schwimmen gegangen.

Grammatik

The perfect tense with sein

Ich bin ... / Bist du ...?		participle at the end
Ich **bin**	nach Spanien	**gefahren**.
Bist du	zu Hause	**geblieben**?
Ich **bin**	ins Kino	**gegangen**.

Lern weiter ▶ 4.6, Seite 131

SPRECHEN 4 — Partnerarbeit. Übt Dialoge.

▲ Bist du in den Ferien weggefahren?

● Ja, ich bin nach (F) (E) (D) (G) (I) (IRL) (Frankreich/Spanien/...) gefahren.

▲ Wie war es?

● Es war ☺ ☹ (total super / echt klasse / sehr interessant / ziemlich gut / nicht schlecht) und 🌡🌡 ☁ (warm/kalt/wolkig/...)

SCHREIBEN 5 — Beschreib deine Sommerferien oder die Ferien aus Übung 4.

Beispiel: Ich bin nach Deutschland gefahren.
Es war ziemlich langweilig und kalt.

2 Transport-Auswahl

Talking about how you travelled to a place
Talking about where you stayed

1a **Hör zu. Welches Transportmittel ist das? (1–9)**
Beispiel: **1** c (mit dem Bus)

a	b	c	d	e
mit dem Auto	mit dem Zug	mit dem Bus	mit dem Flugzeug	mit dem Schiff

f	g	h	i
mit dem Rad	mit der Straßenbahn	mit der U-Bahn	zu Fuß

1b **Hör nochmal zu. Mach drei Transportmittel-Listen.**

gefahren	geflogen	gegangen
mit dem Bus		

Grammatik

Mit + dative
m der Bus → mit **dem** Bus
f die U-Bahn → mit **der** U-Bahn
n das Auto → mit **dem** Auto

Lern weiter 5.1, Seite 133

2 **Partnerarbeit.**
Beispiel: ▲ Wie bist du nach (Spanien) gefahren?
● Ich bin (mit dem Flugzeug nach Spanien geflogen).
▲ Wie bist du nach (England) gefahren?

Spanien   England   München

Griechenland   Frankreich   Köln

Hamburg   Italien   Berlin

Grammatik

Word order: manner (how you went) before place (where you went)

verb second	manner (how)	place (where)	participle at the end
Ich bin	mit dem Zug	nach Dresden	gefahren.

Lern weiter 4.4, Seite 130

3a **Hör zu und lies. Wähl die richtige Antwort aus.**

Beispiel: 1 Bayern

1 In den Sommerferien ist Inge nach Österreich/Bayern/Köln gefahren.
2 Am Chiemsee hat sie bei Verwandten / im Hotel / auf einem Campingplatz übernachtet.
3 Sie war zwei/drei/vier Tage in einer Pension.
4 Das Hotel in München war schön/interessant/schlecht.
5 In der ersten/zweiten/letzten Woche hat Inge eine Radtour gemacht.

INGES FERIENFOTOS

In den Sommerferien bin ich nach Bayern gefahren. Zuerst habe ich drei Tage bei Verwandten in Augsburg übernachtet.

Dann bin ich mit meiner Familie zum Chiemsee gefahren. Wir haben auf einem Campingplatz übernachtet.

Das Wetter war sehr schlecht und es hat viel geregnet. Also waren wir zwei Tage in einer Pension.

Wir sind dann nach München gefahren. Das war echt klasse und sehr interessant. Wir haben in einem schönen Hotel gewohnt.

In der letzten Woche habe ich eine Radtour mit meinen Schwestern gemacht. Wir haben in einer Jugendherberge übernachtet. Das war nur für eine Nacht, aber es war sehr lustig.

3b **Beschrifte die Fotos oben für Inge.**

Beispiel: 1 Ich habe bei Verwandten übernachtet.

Ich habe	in	einem Hotel / einer Pension / einer Jugendherberge	übernachtet.
	bei	Verwandten	
	auf	einem Campingplatz	

4a **Hör zu und mach Notizen. (1–5)**

	Wohin?	Transport?	Wo?	Wie?
1	Dresden	Zug	Pension	interessant

4b **Was sagen die Leute aus Übung 4a? Schreib Sätze.**

Beispiel: 1 Ich bin mit dem Zug nach Dresden gefahren.
Ich habe in einer Pension übernachtet. Es war sehr interessant.

3 Auf Klassenfahrt!

Talking about what you and your friends did on a trip

1a Hör zu und lies.

Klassenfahrt

Klasse 7F Klassenfahrt zum Friesendorf-Zentrum Vom 18. Oktober bis 20. Oktober

18. Okt. Bus nach Friesendorf um 08.00 / Radtour im Naturpark
19. Okt. Naturpark-Museum / Sportnachmittag
20. Okt. Kreativer Vormittag / Bus nach Köln um 14.00

Mutter: Na, wie war die Klassenfahrt?
Silke: Ach, nicht schlecht.
Mutter: Was habt ihr denn gemacht?
Silke: Tja, ganz viel. Hier ist das Programm.
Mutter: O, ihr habt eine Radtour gemacht. Wie war sie?
Silke: O.K., aber ein bisschen anstrengend. Mein Fahrrad war sehr alt und kaputt.
Mutter: Ach, nein! Und seid ihr zum Naturpark-Museum gegangen?
Silke: Ja, aber das war nicht sehr interessant. Wir haben im Museumsgarten gefaulenzt und viel Eis gegessen. Es war ziemlich sonnig.

Mutter: Aha, aber Sport treibst du doch gern, oder? Was habt ihr am Sportnachmittag gemacht?
Silke: Wir haben Tischtennis und Volleyball gespielt. Und wir sind auch schwimmen gegangen.
Mutter: Wunderbar! Aber war das Wasser nicht kalt?
Silke: Ja, es war sehr kalt.
Mutter: Heute Vormittag war kreativ, nicht? Wie war das?
Silke: Tja, wir haben im Naturpark Bilder gemalt.
Mutter: Toll!

1b Ist das im Dialog? Ja oder nein? Wenn ja, schreib den Satz auf.
Beispiel: a ja – Mein Fahrrad war sehr alt und kaputt.

1c Richtig oder falsch?
Beispiel: 1 Richtig

1 Die Schüler sind auf eine Klassenfahrt gefahren.
2 Sie sind mit dem Zug nach Friesendorf gefahren.
3 Sie haben das Museum im Naturpark besichtigt.
4 Beim Museum hat Silke Kuchen gegessen.
5 Im Museumsgarten war es sonnig.
6 Am Sportnachmittag haben die Schüler Fußball gespielt.
7 Am 20. Oktober sind Silke und ihre Freunde einkaufen gegangen.

> Mach Lernkarten und lern die Partizipien auswendig!

Grammatik

The perfect tense with *sein*

ich (*I*)	bin	gefahren
du (*you*)	bist	geflogen
er (*he*) / sie (*she*)	ist	gegangen
wir (*we*) / sie (*they*)	sind	geblieben
ihr (*you plural*)	seid	gekommen

The perfect tense with *haben*

ich (*I*)	habe	gemacht
du (*you*)	hast	gespielt
er (*he*) / sie (*she*)	hat	gehabt
wir (*we*) / sie (*they*)	haben	gegessen
ihr (*you plural*)	habt	gelesen

Lern weiter ▶ 4.6, Seite 131

gehen (to go) → ich bin gegangen

spielen (to play) → ich habe gespielt

2a **Hör zu. Was haben sie auf der Klassenfahrt gemacht? (1–8)**
Beispiel: **1** c

a b c d

e f g h Köln

2b **Partnerarbeit. Sieh dir die Bilder oben an.**
Beispiel:
▲ Was habt ihr auf der Klassenfahrt gemacht?
● Wir haben (Fußball gespielt).
▲ Das ist (**f**).
● (Richtig!) Was habt ihr auf der Klassenfahrt gemacht?

		eine Radtour gemacht.
		Eis gegessen.
		das Museum besichtigt.
Wir	haben	Fußball gespielt.
		viel gelesen.
		ferngesehen / gefaulenzt.
	sind	schwimmen gegangen.
		nach Köln gefahren.

2c **Was haben sie auf der Klassenfahrt gemacht? Beschrifte die Bilder a–h oben.**
Beispiel: **a** Sie haben eine Radtour gemacht.

MINI-TEST

Check that you can:
- talk about your last holiday: where you went, and what it was like
- talk about how you travelled to a place

- talk about where you stayed
- talk about what you and your friends did on a trip

4 Auf dem Bahnhof

Buying train tickets

1 **Hör zu und lies. Wähl die richtige Antwort aus.**
Beispiel: 1 a

In den Ferien war Miguel eine Woche bei seinen Großeltern in Brandenburg. Zuerst ist er zum Berliner Hauptbahnhof gefahren …

Beamtin: Guten Tag!
Miguel: Hallo. Einmal nach Brandenburg, bitte.
Beamtin: Einfach oder hin und zurück?
Miguel: Hin und zurück, bitte.
Beamtin: Zehn Euro fünfundzwanzig, bitte.
Miguel: Wann fährt der nächste Zug nach Brandenburg ab?
Beamtin: Um elf Uhr.
Miguel: Und von welchem Gleis fährt er ab?
Beamtin: Von Gleis drei.
Miguel: Danke sehr. Auf Wiedersehen.

1 Miguel war **a** eine Woche **b** drei Wochen **c** drei Tage in Brandenburg.
2 Am Hauptbahnhof hat Miguel **a** zwei Fahrkarten **b** eine Fahrkarte gekauft.
3 Miguels Fahrkarte war **a** einfach **b** hin und zurück.
4 Die Fahrkarte hat **a** €25,10 **b** €15,20 **c** €10,25 gekostet.
5 Der nächste Zug nach Brandenburg war um **a** 11.00 **b** 12.00 **c** 13.00 Uhr.
6 Der Zug ist von Gleis **a** 13 **b** 3 **c** 2 abgefahren.

2 **Hör zu. Schreib die Tabelle ab und füll sie aus. (1–6)**

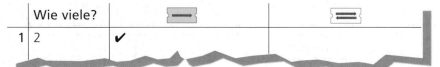

Wie viele?	—	=
1	2	✔

3 **Partnerarbeit.**
Beispiel: ▲ Guten Tag!
● Hallo. (Dreimal) nach (Dresden), bitte.
▲ Einfach oder hin und zurück?
● (Hin und zurück), bitte.

> Einmal/Zweimal/Dreimal nach…, bitte.
> Einfach.   Hin und zurück.

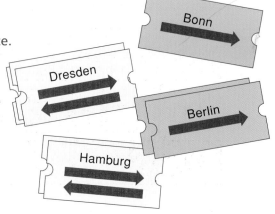

4 **Hör zu. Was kosten die Fahrkarten? (1–8)**
Beispiel: 1 €56,98

5 **Richtig oder falsch? Korrigiere die falschen Sätze.**

Beispiel: **1** Falsch. Der nächste Zug nach München fährt um zehn Uhr dreizehn von Gleis sieben ab.

1 Der nächste Zug nach München fährt um zehn Uhr fünf von Gleis acht ab.

2 Der nächste Zug nach Köln fährt um zehn Uhr dreißig von Gleis sechs ab.

3 Der nächste Zug nach Bonn fährt um zehn Uhr fünfunddreißig von Gleis drei ab.

4 Der nächste Zug nach Berlin fährt um zehn Uhr dreiundfünfzig von Gleis eins ab.

Zug	Nach	Abfahrt	Gleis
IC 659	Brandenburg	10.09	3
D 345	München Hbf	10.13	7
IC 453	Köln	10.35	6
D 897	Bonn Hbf	10.43	2
IR 8912	Berlin Hbf	10.53	1
ICE 643	Leipzig Hbf	11.02	8

6a **Hör zu. Schreib die Tabelle ab und füll sie aus. (1–4)**

	Wohin?	Wann?	Gleis?	Preis?
1	Leipzig	12.04	4	€ 25

6b **Partnerarbeit. Übt Dialoge. Benutzt die Tabelle aus Übung 5.**

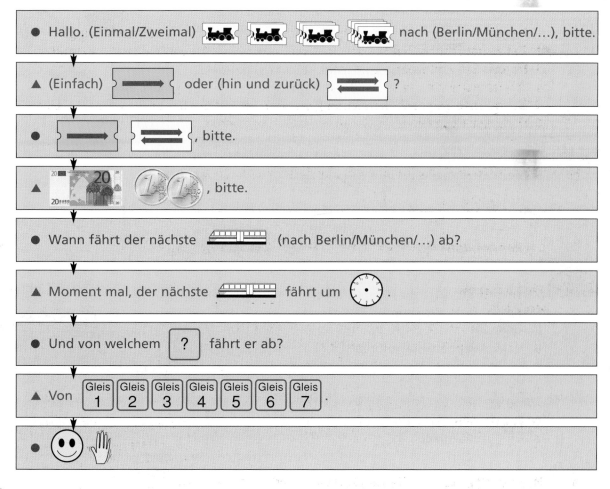

● Hallo. (Einmal/Zweimal) 🚂 🚂 🚂 🚂 nach (Berlin/München/…), bitte.

▲ (Einfach) ⟶ oder (hin und zurück) ⇄ ?

● ⟶ ⇄ , bitte.

▲ 20 € 1 1 , bitte.

● Wann fährt der nächste 🚆 (nach Berlin/München/…) ab?

▲ Moment mal, der nächste 🚆 fährt um 🕙 .

● Und von welchem [?] fährt er ab?

▲ Von Gleis 1 Gleis 2 Gleis 3 Gleis 4 Gleis 5 Gleis 6 Gleis 7 .

● 😊 🖐

7 **Hör zu und sing mit!**

5 Im Fundbüro

Talking about things you and other people have lost

1a Hör zu und lies. Was haben sie verloren? (1–6)
Beispiel: Miguel – d

In den Ferien hat Miguel sein Portemonnaie verloren. Er ist sofort zum Fundbüro gegangen. Viele Leute waren schon dort …

1 *Miguel:* Hallo, heute habe ich mein Portemonnaie verloren. Haben Sie es hier im Fundbüro?
 Beamter: Wie sieht das Portemonnaie aus?
 Miguel: Es ist schwarz und ziemlich klein.

2 *Elke:* Ich habe meine große, rote Handtasche verloren!
 Beamter: Wann haben Sie sie verloren?
 Elke: Gestern.

3 *Mehmet:* Vorgestern habe ich meinen neuen, gelben Fotoapparat im Zug vergessen. Ist er vielleicht hier im Fundbüro?

4 *Dirk:* Letzten Samstag habe ich meine Sonnenbrille verloren. Ist sie vielleicht jetzt hier im Fundbüro? Sie ist grün und sehr modern.

5 *Beate:* Hallo! Vor zwei Tagen habe ich meinen Rucksack verloren. Er ist braun und alt.

6 *Tanja:* Heute habe ich meinen Regenschirm verloren. Er ist blau und … er ist sehr nass!

1b Schreib die Tabelle ab und füll sie aus.

	Name	Was?	Wann?
1	Miguel	das Portemonnaie	heute

1c Partnerarbeit. Bist du Miguel, Elke, Mehmet, Dirk, Beate oder Tanja?
Beispiel:
▲ Hallo. Was hast du verloren?
● Ich habe (mein Portemonnaie) verloren.
▲ Wann hast du (das Portemonnaie) verloren?
● (Heute.)
▲ Du bist (Miguel)!

Ich habe	meinen	Rucksack Fotoapparat Regenschirm	verloren.
	meine	Sonnenbrille Handtasche	
	mein	Portemonnaie	
Wann hast du	den/die/das …		verloren?

Heute/Gestern/Vorgestern
Letzten (Samstag)
Letzte Woche
Vor (drei) Tagen.

2 **Fundbüro-Quiz. Was gehört wem? Schreib Sätze.**

Beispiel: **a** Die große Handtasche gehört Inge.

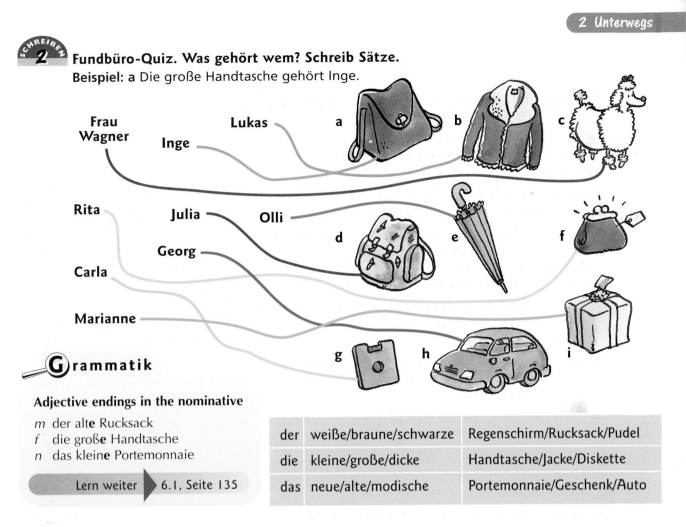

Frau Wagner
Lukas
Inge
Rita
Julia
Olli
Georg
Carla
Marianne

 G rammatik

Adjective endings in the nominative

m der alt**e** Rucksack
f die groß**e** Handtasche
n das klein**e** Portemonnaie

Lern weiter ▶ 6.1, Seite 135

der	weiße/braune/schwarze	Regenschirm/Rucksack/Pudel
die	kleine/große/dicke	Handtasche/Jacke/Diskette
das	neue/alte/modische	Portemonnaie/Geschenk/Auto

3 **Im Fundbüro. Hör zu. Schreib die Tabelle ab und füll sie aus. (1–5)**

	Was?	Wann?	Wie?	Im Fundbüro?
1	eine Handtasche	vorgestern	groß und schwarz	ja

4a **Sieh dir die Bilder oben an und beantworte die Fragen.**

Beispiel: **1** Olli hat den grünen Regenschirm verloren.

1 Wer hat den grünen Regenschirm verloren?
2 Wer hat die große Handtasche verloren?
3 Wer hat die modische Jacke verloren?
4 Wer hat den dicken Pudel verloren?
5 Wer hat das neue Portemonnaie verloren?
6 Wer hat den alten Rucksack verloren?

G rammatik

Adjective endings in the accusative

m den alt**en** Rucksack
f die groß**e** Handtasche
n das klein**e** Portemonnaie

Lern weiter ▶ 6.1, Seite 135

4b **Partnerarbeit.**

Beispiel: ▲ Was hat (Inge) verloren?
● Sie hat (die große Handtasche) verloren.
▲ (Richtig.)
● Was hat (Georg) verloren?

6 Ferienpostkarten

Writing a postcard about a holiday or trip

1a Lies die Postkarten.

Miguel hat Ferien und er schickt Postkarten aus Berlin …

Liebe Hanne,
wie geht's? Die Ferien kommen bald zu einem Ende, und ich habe nichts Besonderes gemacht! Natürlich habe ich ein bisschen gefaulenzt und am Computer gespielt. Hast du meine E-Mails gelesen? Vorgestern habe ich Fußball gespielt, aber es hat geregnet, also sind wir ins Internet-Café gegangen – das war ziemlich lustig. Heute bin ich zu Hause geblieben und ich habe dich angerufen! Aber du warst nicht da! Wo warst du? Ruf mich bald an!
Dein Miguel

Hallo Stefan,
ich habe Ferien! Vor zwei Wochen ist meine Mutter nach Italien geflogen, also bin ich mit dem Zug nach Brandenburg gefahren. Ich war eine Woche bei meinen Großeltern, aber das war ziemlich langweilig. Ich habe nur gelesen und ferngesehen! Letzten Montag war ich wieder in Berlin (hurra!), aber ich habe mein Portemonnaie in der U-Bahn verloren, also bin ich zum Fundbüro gegangen. Dort habe ich mit einem netten Mädchen gesprochen. Sie heißt Tanja und sie geht auf meine Schule! Letzten Freitag sind wir zusammen ins Kino gegangen. Der Film war langweilig, aber danach waren wir im Eiscafé und haben viel Eis gegessen!
Dein Miguel

1b Auf welcher Postkarte ist das? Schreib den Satz ab.

Beispiel: a Hannes: Es hat geregnet.

a   b   c   d   e   f   g   h

1c Verbinde die Satzhälften.

Beispiel: 1 d – Miguels Mutter ist nach Italien geflogen.

1 Miguels Mutter	a hat Miguel gelesen und ferngesehen.
2 Bei seinen Großeltern	b hat Miguel Fußball gespielt.
3 In der U-Bahn	c ist Miguel zu Hause geblieben.
4 Vorgestern	d ist nach Italien geflogen.
5 Heute	e hat Miguel sein Portemonnaie verloren.

1d Lies Miguels Postkarten nochmal. Schreib die Tabelle ab und füll sie aus.

participle + **sein**	participle + **haben**	Wann?
gegangen	gemacht	vorgestern

2 Schreib die Sätze fertig.

Beispiel: 1 Letzte Woche bin ich mit dem Bus nach Italien gefahren. ...

1 Letzte Woche bin ich  nach ITALIEN ...
Es war ☺ und ☀ .

verloren	mit dem Bus
Musik	echt klasse
Berlin	Italien
ferngesehen	gefahren
gegangen	zu Hause
mein Portemonnaie	geblieben
gehört	langweilig
sonnig	gefahren
mit der U-Bahn	

2 Vorgestern bin ich nach BERLIN ... Ich bin einkaufen ..., und ich habe ...

3 Letzten Samstag bin ich ..., also habe ich ... und ..., aber das war ziemlich ☹ .

3 Ordne die Postkarte.

Beispiel: Hallo Miguel,

a in einer Pension übernachtet. Ich habe eine Radtour

b gespielt. Ich bin auch oft ins

c Deine Lena

d Kino gegangen. Es hat viel geregnet und es war ziemlich

e Hallo Miguel,

f nach Irland geflogen. Ich habe zwei Wochen

g gemacht und Fußball

h in den Ferien bin ich mit dem Flugzeug

i kalt, aber es war sehr lustig!

4 Schreib deine eigene Ferienpostkarte!

Olaf,

in den Ferien bin ich

Dein 🧍 Deine 🧍

5 Ist das „ü" oder „u"? Hör zu und wiederhole. (1–8)

Beispiel: 1 ü – München

1 M...nchen 2 ...bernachtet 3 B...ch 4 Fundb...ro
5 ...ber 6 nat...rlich 7 J...gendherberge 8 F...ßball

7 Feriencamp Alpenblick

LESEN 1

Sieh dir das Poster an. Waren sie im Feriencamp Alpenblick oder nicht?
Beispiel: 1 Nein.

1 Ich habe eine Tanzstunde gehabt.

2 Ich habe ferngesehen.

3 Ich habe Hockey gespielt.

4 Ich bin mit dem Bus nach Innsbruck gefahren.

5 Ich habe einen Film gesehen.

6 Ich bin nach Madrid gefahren.

7 Ich habe eine Radtour gemacht.

8 Ich habe auf einem Campingplatz übernachtet.

FERIENCAMP ALPENBLICK

**vom 8. bis 12. August für Jugendliche
von 12–16 Jahren**

**Wir übernachten auf einem Campingplatz
in Tirol, Österreich.**

Aktivitäten für alle …
- **Tagesausflug nach Italien (der Zug fährt um 06.30 ab)**
- **Radtour durch die Alpen**
- **Busfahrt nach Innsbruck**
- **Filmabende**
- **Sport: Tennis, Fußball, Volleyball, Schwimmen, Angeln**
- **Großer Fernsehraum**
- **Gutes Essen aus der österreichischen Küche!**

LESEN 2a

Lies die Postkarten. Ist das für Paul oder Una?
Beispiel: a Una

Mittwoch, den 10. August
Hallo du!
Ich bin in Innsbruck! Heute sind wir mit dem Bus hierher gefahren. Jetzt gehen wir einkaufen und ins Café! Um vier Uhr fahren wir zum Campingplatz zurück, und das finde ich nicht so gut — es ist sehr kalt und ich muss noch zwei Tage dort bleiben. Am Montag sind wir schwimmen gegangen, aber das war auch sehr kalt. Gestern war der beste Tag — wir haben eine Radtour durch die Alpen gemacht. Am Freitag bin ich wieder in Köln — hurra!
Deine Una

Mittwoch, den 10. August
Liebe Großmutti,
ich bin im Feriencamp Alpenblick in Österreich. Wir übernachten auf einem Campingplatz in den Alpen und es ist echt klasse! Gestern sind wir mit dem Zug nach Italien gefahren — das war toll, aber leider habe ich meinen Fotoapparat auf dem Campingplatz vergessen, also habe ich keine Fotos gemacht! Morgen gehe ich angeln — hurra!
Bis bald!
Dein Paul

LESEN 2b

Richtig oder falsch?
Beispiel: 1 Falsch

1 Feriencamp Alpenblick ist in der Schweiz.
2 Feriencamp Alpenblick ist im Sommer.
3 Paul ist mit dem Bus nach Italien gefahren.
4 Paul hat seinen Fotoapparat im Zug verloren.

5 Una ist nach Innsbruck gefahren.
6 Una findet das Feriencamp total super.
7 Una hat eine Radtour gemacht.
8 Die Radtour war anstrengend.

2c **Lies die Postkarten nochmal durch. Was passt zusammen?**

LESEN

Beispiel: Mo. 8. e

| Mo. 8. | Di. 9. | Mi. 10. | Do. 11. | Fr. 12. |

a Sie sind mit dem Zug nach Italien gefahren.

b Sie sind wieder in Köln.

c Sie sind angeln gegangen.

d Sie sind mit dem Bus nach Innsbruck gefahren.

e Sie sind schwimmen gegangen.

SCHREIBEN

2d **Schreib Sätze auf.**

Beispiel: Am Montag sind sie schwimmen gegangen.

HÖREN

3 **Hör zu. Was haben sie im Feriencamp gemacht? Waren sie im Feriencamp Alpenblick? (1–8)**

Beispiel: **1** eine Busfahrt nach London ✗

SPRECHEN

4 **Partnerarbeit. Warst du im Feriencamp Rot oder Blau?**

Beispiel: ▲ Was hast du am (Montag) gemacht?
● Ich (habe eine Radtour gemacht).
▲ Du warst im Feriencamp (Rot).
● (Richtig!) Was hast du am (Donnerstag) gemacht?

	Mo.	**Di.**	**Mi.**	**Do.**	**Fr.**
Feriencamp Rot			KÖLN		
Feriencamp Blau			Italien		

SCHREIBEN

5 **Du warst im Feriencamp Alpenblick! Was hast du gemacht? Wie war es? Schreib eine Postkarte.**

Dienstag, den 9. August

Liebe Mutti,
ich bin im Feriencamp Alpenblick! Gestern bin ich schwimmen gegangen.
Das war toll! ...

Lernzieltest Check that you can:

1
- ask a friend whether he/she went on holiday — *Bist du in den Ferien weggefahren?*
- say where you went on holiday — *Ich bin nach Spanien gefahren.*
- ask how the holiday was — *Wie war es?*
- say how the holiday was — *Es war echt klasse / total langweilig.*

2
- ask a friend how he/she got to a place — *Wie bist du nach Italien gefahren?*
- say how you got to a place — *Ich bin mit dem Auto/Rad nach Berlin gefahren.*
- ask a friend where he/she stayed — *Wo hast du übernachtet?*
- say where you stayed — *Ich habe in einer Pension übernachtet.*

3
- ask friends what they did on a school trip — *Was habt ihr auf der Klassenfahrt gemacht?*
- say what you and your friends did on a school trip — *Wir haben Tennis gespielt. Wir sind schwimmen gegangen.*

4
- buy train tickets — *Einmal nach Berlin, bitte. Einfach oder hin und zurück?*
- make enquiries at a train station — *Wann fährt der nächste Zug nach Berlin ab? Von welchem Gleis fährt er ab?*

5
- ask a friend what he/she has lost — *Was hast du verloren?*
- say what you have lost — *Ich habe meinen Regenschirm verloren.*
- ask a friend when he/she lost something — *Wann hast du den Regenschirm verloren?*
- say when you lost something — *Heute. Gestern. Vorgestern.*
- describe what belongs to someone — *Der rote Regenschirm gehört Lisa.*
- describe what people have lost — *Lisa hat den roten Regenschirm verloren.*

6
- write a postcard about a holiday or trip

Wiederholung

1 **Hör zu. Wie sind sie nach Köln gefahren? (1–6)**
Beispiel: 1 h

a
b
c
d

e
f
g
h
i

2 Hör zu. Schreib die Tabelle ab und füll sie aus. (1–4)

	Wohin?	Übernachtung?	Was gemacht?	Sonstiges?
1	Griechenland	Campingplatz	schwimmen	echt klasse / sonnig

3 Partnerarbeit. Übt Dialoge am Hauptbahnhof.

Beispiel: ▲ Dreimal nach (Dresden), bitte.
● Einfach oder hin und zurück?
▲ (Hin und zurück), bitte.
● (Vierzig) Euro, bitte.
▲ Wann fährt der nächste Zug nach (Dresden) ab?
● Um (vier nach elf).
▲ Von welchem Gleis fährt er ab?
● Von Gleis (drei).
▲ Vielen Dank. Auf Wiedersehen.
● Auf Wiedersehen.

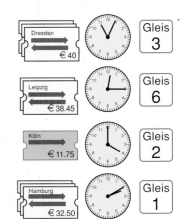

4 Lies die Postkarte. Richtig oder falsch?

Beispiel: 1 Richtig

1 Julia hat eine Klassenfahrt gemacht.
2 Vorgestern ist Julia Rad gefahren.
3 Vorgestern hat es geschneit.
4 Im Café hat Julia Eis gegessen.
5 Gestern ist Julia ins Museum gegangen.
6 Julia hat ihr Portemonnaie im Café verloren.
7 Heute ist Julia schwimmen gegangen.
8 Julia hat Handball gespielt.

den 11. Juni

Hallo Mutti,

die Klassenfahrt ist echt super! Vorgestern haben wir eine Radtour gemacht. Das war sehr lustig, aber es hat geregnet und wir sind alle ins Café gegangen! Dort haben wir Wurst mit Pommes gegessen! Gestern Vormittag haben wir das Stadtmuseum besichtigt. Das war O.K., aber ich habe mein Portemonnaie im Museum verloren! Heute sind wir schwimmen gegangen und dann haben wir Handball gespielt – das war anstrengend!
Bis bald.
Deine Julia

5 Beschrifte die Bilder in Übung 1 auf Seite 38.

Beispiel: a mit dem Rad (Ich bin mit dem Rad gefahren.)

6 Schreib eine Postkarte wie Julias.

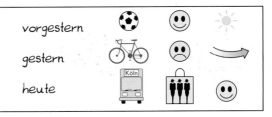

Wörter

Die Ferien

Bist du in den Ferien
  weggefahren?
Deutschland
England
Frankriech
Griechenland
Irland
Italien
Österreich
Schottland
Spanien
Wales
Ich bin nach …
  gefahren.
Wie war es?
Es war …
  echt klasse.
  toll.
  interessant.
  nicht schlecht.
  total langweilig.

The holidays

*Did you go away in the
  holidays?*
Germany
England
France
Greece
Ireland
Italy
Austria
Scotland
Spain
Wales
I went to …

How was it?
It was …
  really great.
  great.
  interesting.
  not bad.
  really boring.

Transport

Wie bist du
  nach … gefahren?
mit dem Auto
mit dem Zug
mit dem Rad
mit dem Bus
mit dem Schiff
mit der U-Bahn
mit der Straßenbahn
Ich bin zu Fuß
  gegangen.
Ich bin mit dem
  Flugzeug geflogen.
Wo hast du
  übernachtet?
in einem Hotel
in einer Jugendherberge
in einer Pension
bei Verwandten
auf einem Campingplatz

Transport

How did you get to …?

by car
by train
by bike
by bus
by ship
by underground
by tram
I went on foot.

I went by plane.

Where did you stay?

in a hotel
in a youth hostel
in a guest house
with relatives
at a campsite

Die Klassenfahrt

Was habt ihr auf der
  Klassenfahrt gemacht?
Wir/Sie haben …
  eine Radtour gemacht.
  ferngesehen.
  das Museum besichtigt.
  viel Eis gegessen.
  Fußball gespielt.
  gelesen.
Wir/Sie sind …
  nach Köln gefahren.
  schwimmen gegangen.

Class trip

*What did you do on
  the class trip?*
We/They …
  went for a bike ride.
  watched television.
  visited the museum.
  ate a lot of ice cream.
  played football.
  read.
We/They …
  went to Cologne.
  went swimming.

Mit dem Zug

Einmal nach Berlin,
  bitte.
Zweimal/Dreimal nach
  Berlin, bitte.
einfach
hin und zurück
Wann fährt der nächste
  Zug nach … ab?
Der nächste Zug
  fährt um …
Von welchem Gleis
  fährt er ab?
Von Gleis drei.

By train

*A ticket to Berlin,
  please.*
*Two/Three tickets to
  Berlin, please.*
single
return
*When does the next
  train for … leave?*
*The next train leaves
  at …*
*From which platform
  does it leave?*
From platform three.

Im Fundbüro

Was hast du verloren?
Ich habe … verloren.
  meinen Fotoapparat
  meinen Regenschirm
  meinen Rucksack
  meine Handtasche
  meine Sonnenbrille
  mein Portemonnaie
Wann hast du den/
  die/das … verloren?
heute

*At the lost property
office*

What have you lost?
I've lost …
  my camera
  my umbrella
  my rucksack
  my handbag
  my sunglasses
  my purse
When did you lose …?

today

gestern	*yesterday*
vorgestern	*the day before yesterday*
letzten Samstag	*last Saturday*
letzte Woche	*last week*
vor drei Tagen	*three days ago*
Der rote Rucksack …	*The red rucksack …*
Die rote Handtasche …	*The red handbag …*
Das rote Portemonnaie …	*The red purse …*
gehört X.	*belongs to X.*
Er/Sie hat … verloren.	*He/She lost …*
den roten Rucksack	*the red rucksack*
die rote Handtasche	*the red handbag*
das rote Portemonnaie	*the red purse*

1 · Der Körper

Naming parts of the body and the head

HÖREN

1 Hör zu. Welches Körperteil ist das? Zeig mit dem Finger. darauf (1–14)
Beispiel: 1 (point to) i

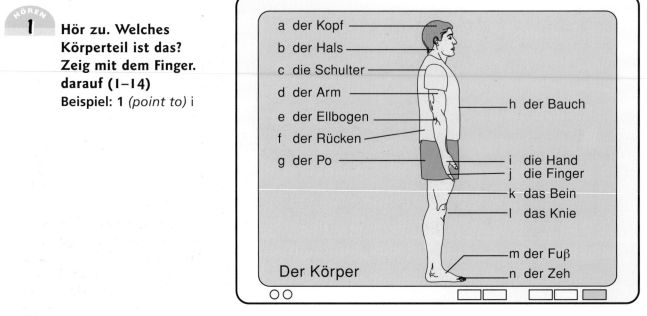

a der Kopf
b der Hals
c die Schulter
d der Arm
e der Ellbogen
f der Rücken
g der Po
h der Bauch
i die Hand
j die Finger
k das Bein
l das Knie
m der Fuß
n der Zeh

Der Körper

SCHREIBEN

2a Was hat Lars-Logo? Mach eine Liste von seinen Körperteilen. Ein Wörterbuch hilft dir dabei.
Beispiel: drei Arme, ...

Eine Hand – zwei ...?
Was heißt „hands" auf Deutsch? Schau ins Wörterbuch!

Lars-Logo

Hand (¨e) *f* hand   Hände

Arm (e) *m* arm   Arme

Knie (–) *n* knee   Knie

SPRECHEN

2b Partnerarbeit. Was hat Lars-Logo?
Beispiel: ▲ Wie viele (Beine) hat er?
● Er hat (vier Beine).
Wie viele (Füße) hat er?

Grammatik

Haben + accusative
m der Bauch – er hat ein**en** Bauch

Lern weiter ▶ 1.4b, Seite 123

3a Sieh dir das Gesicht an. Was passt zusammen?
Beispiel: 1 e

1 die Lippe(n)	**3** das Ohr(en)	**5** der Mund	**7** das Auge(n)
2 die Nase	**4** der Zahn(¨e)	**6** das Haar(e)	

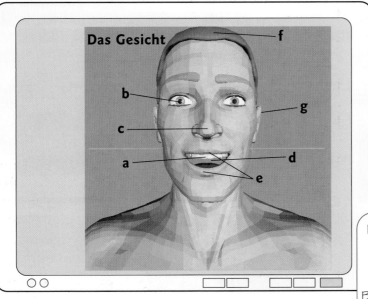

Neue Wörter? Moment mal! Die Wörter sehen wie englische Wörter aus. Vielleicht brauche ich kein Wörterbuch! Zum Beispiel: Lippe sieht wie „lip" aus!

3b Hör zu und überprüfe es. (1–7)
Beispiel: 1 e

4a Partnerarbeit. Würfle zwölfmal und zeichne ein lustiges Gesicht!

Beispiel: ▲ Eine Vier. Also, ich habe einen Zahn. Du bist dran.

● Eine Drei. Ich habe ein Ohr.

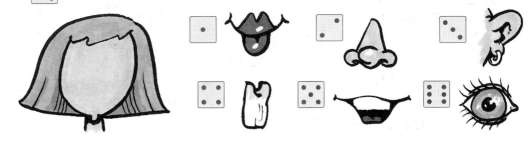

4b Beschreib dein Gesicht aus Übung 4a.
Beispiel: Mein Gesicht hat vier Zähne, ein Auge, drei Ohren ...

2 Wie geht's?

Talking about ailments

Hör zu und wiederhole. Welches Bild ist das? (1–10)
Beispiel: 1 i

Was ist los mit dir?

a — Ich habe Kopfschmerzen.

b — Ich habe Halsschmerzen.

c — Ich habe Zahnschmerzen.

d — Ich habe Ohrenschmerzen.

e — Ich habe Bauchschmerzen.

f — Mein Bein tut weh.

g — Meine Arme tun weh.

h — Ich bin müde.

i — Ich habe Fieber.

j — Ich habe Schnupfen.

Partnerarbeit. Memoryspiel.

Beispiel: ▲ Was ist los mit dir?
       ● (Ich habe Zahnschmerzen.) Was ist los mit dir?
       ▲ (Ich habe Zahnschmerzen) und (meine Beine tun weh.)
          Was ist los mit dir?

Hör zu. Was ist los mit Stefan?
Mach Notizen.

Beispiel: e (Bauchschmerzen), ...

Was sagt Stefan?

Beispiel: Ich habe Bauchschmerzen, ...

4a Lies den Artikel. Was passt zusammen?
Beispiel: **1** d

1 Schüler	**5** schwänzt	**a** *illness*	**e** *started*
2 die Klassenarbeit	**6** Schokoladenriegel	**b** *came*	**f** *class test*
3 die Krankheit	**7** gekommen	**c** *chocolate bar*	**g** *skives*
4 hat ... begonnen		**d** *pupils*	

Schüler sind zu oft zu Hause geblieben!

Letztes Jahr sind viele Schüler an der Hauptmann-Realschule Köln nicht zur Schule gekommen.
Wann war das? Am Tag einer Klassenarbeit!
Warum? Die Schüler waren „krank". Sie hatten mysteriöse Krankheiten (siehe Grafik).

Im September hatte die Schule eine gute Idee ... Am achten September hat die Klasse 8G eine Klassenarbeit geschrieben. Vier Schüler sind nicht zur Schule gekommen. Also hat ein „Krankheits-Team" die vier Schüler besucht. Am elften Oktober war wieder Klassenarbeit in der Klasse 8G – alle Schüler sind diesmal zur Schule gekommen!

„Krankheiten" am Tag einer Klassenarbeit im Schuljahr 00/01
Schnupfen 18% · Fieber 12% · Kopfschmerzen 10% · Halsschmerzen 4% · Zahnschmerzen 2% · Ohrenschmerzen 2% · Hand tut weh 1% · Bauchschmerzen 51%

Was macht das Krankheits-Team?
Eine Person aus dem Team hat die Klassenarbeit in der Tasche und sie besucht den Schüler / die Schülerin:
- Wenn er/sie nicht zu krank ist (und vielleicht die Schule schwänzt), muss er/sie die Klassenarbeit zu Hause schreiben.
- Wenn er/sie sehr krank ist, bekommt er/sie ein kleines Geschenk (z.B. einen Schokoladenriegel oder ein Comic).

4b Wähl die richtige Antwort aus.
Beispiel: **1** Schüler

1 Am 8. September sind vier Lehrer/**Schüler**/Hunde zu Hause geblieben.
2 Zehn Prozent der Schüler hatten Ohrenschmerzen/**Kopfschmerzen**/Zahnschmerzen.
3 Am 18. Sept. / 11. Okt. / 12. Okt. sind alle Schüler der Klasse 8G zur Schule gegangen.
4 Das Krankheits-Team hat die Klassenarbeit / einen Fußball / einen Computer in der Tasche.
5 Du bist nicht zu krank – du bekommst ein Geschenk / die Klassenarbeit / eine Tasche.
6 Du bist sehr krank – du bekommst ein Geschenk / die Klassenarbeit / eine Tasche.
7 Die Lehrer/Schüler/Klassenarbeit hatten eine gute Idee.
8 Letztes Jahr hatten zwölf/zwanzig/zwei Prozent der Schüler Fieber.

4c Was haben die Schüler gesagt? Schreib Sätze.
Beispiel: **1** Ich habe Fieber.

1 12%	**2** 18%	**3** 1%	**4** 4%	**5** 10%	**6** 51%

5 Hör zu und sing mit!

3 Beim Arzt

Saying what is wrong with you at the doctor's
Giving advice

HÖREN

1a Hör zu und lies.

LESEN

1b **Ist das für Verena oder Olli?**
Beispiel: a Verena

HÖREN

2 Hör zu. Seit wann haben sie das? (1–6)
Beispiel: 1 c (seit Freitag)

a seit einem Tag   **c** seit Freitag   **e** seit acht Tagen

b seit drei Tagen   **d** seit gestern   **f** seit Mittwoch

Grammatik

Telling a friend what to do

trinken   Trink ...! (*Drink!*)

bleiben   Bleib ...! (*Stay!*)

gehen   Geh ...! (*Go!*)

Lern weiter ▶ 3.6, Seite 128

SPRECHEN

3a Partnerarbeit. Übt Dialoge beim Arzt.

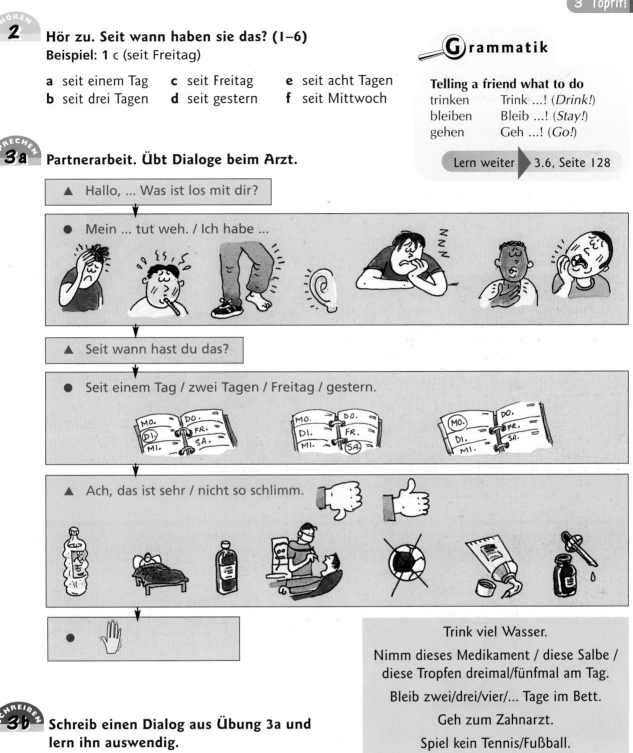

▲ Hallo, ... Was ist los mit dir?

● Mein ... tut weh. / Ich habe ...

▲ Seit wann hast du das?

● Seit einem Tag / zwei Tagen / Freitag / gestern.

▲ Ach, das ist sehr / nicht so schlimm.

Trink viel Wasser.

Nimm dieses Medikament / diese Salbe / diese Tropfen dreimal/fünfmal am Tag.

Bleib zwei/drei/vier/... Tage im Bett.

Geh zum Zahnarzt.

Spiel kein Tennis/Fußball.

SCHREIBEN

3b Schreib einen Dialog aus Übung 3a und lern ihn auswendig.

MINI-TEST

Check that you can:
- name parts of the body and the head
- ask a friend what the matter is and explain what is the matter with you
- say what is wrong with you at the doctor's and give advice

4 Fit bleiben

Talking about keeping fit

HÖREN

1 **Hör zu und wiederhole.**

Wie kann man fit bleiben?

1 Man kann schwimmen gehen.

2 Man kann Fußball spielen.

3 Man kann joggen gehen.

4 Man kann im Sportclub trainieren.

5 Man kann zu Fuß in die Schule gehen.

6 Man kann gesund essen.

7 Man kann wandern gehen.

8 Man kann Radtouren machen.

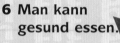

SPRECHEN

2 **Partnerarbeit.**

Beispiel: ▲ Wie kann man fit bleiben?
● Man kann (wandern gehen).
▲ Das ist (e).

a   b   c   d
e   f   g   h

LESEN

3 **Was heißt das auf Englisch?**

Beispiel: **1** selten = *rarely*

1 selten	**5** immer
2 im Sommer	**6** nie
3 jeden Tag	**7** manchmal
4 zweimal in der Woche	**8** am Sonntag

Grammatik

Talking about what you can do

können + *infinitive at the end*

Wie **kann** man fit **bleiben**?
Man **kann** im Sportclub **trainieren**.

Lern weiter ▶ 3.5, Seite 127

HÖREN

4 **Hör zu und mach Notizen. Wie fit sind sie? (1–6)**

Beispiel: **1** gesund essen – immer, im Sportclub trainieren – nie

5a Wie fit bist du? Beantworte die Fragen.

Beispiel: **1** Ich gehe nie joggen.

1 Wie oft gehst du joggen?
2 Wie oft isst du gesund?
3 Wie oft trainierst du im Sportclub?
4 Wie oft gehst du schwimmen?

5 Wie oft machst du Radtouren?
6 Wie oft fährst du mit dem Rad in die Schule?
7 Wie oft spielst du Fußball?
8 Wie oft gehst du wandern?

Ich	gehe	nie/selten	joggen/schwimmen/wandern.
	trainiere		im Sportclub.
	spiele	oft/manchmal/immer	Fußball.
	esse	jeden Tag	gesund.
	fahre	einmal/zweimal in der Woche	mit dem Rad in die Schule.
	mache		Radtouren.

5b Partnerarbeit. Vergleicht eure Antworten zu Übung 5a.

Beispiel:

▲ Wie oft (gehst du joggen)?
● Ich (gehe nie joggen).
   Wie oft (gehst du joggen)?

6 Mach das Fitness-Quiz!

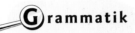

Grammatik

The present tense

| **ich** | mache | gehe | spiele | trainiere | fahre | esse |
| **du** | machst | gehst | spielst | trainierst | fährst | isst |

Lern weiter ▶ 3.1, Seite 125; 3.2, Seite 126

Fitness-Quiz: Wie fit und gesund bist du?

1 Wie kommst du zur Schule?
   ▲ mit dem Bus oder mit dem Zug
   ● mit dem Auto ■ zu Fuß oder mit dem Rad
2 Wie findest du Radtouren?
   ■ echt klasse ● langweilig, anstrengend und kalt ▲ nicht schlecht
3 Wie oft bist du krank?
   ● oft ■ sehr selten ▲ manchmal im Winter
4 Was sind für dich ideale Ferien?
   ▲ eine Woche im Hotel mit Schwimmbad
   ● fernsehen und faulenzen ■ zehn Tage auf einem Campingplatz mit Schwimmbad
5 Was hast du gestern Abend gemacht?
   ■ Ich habe im Sportclub trainiert.
   ▲ Ich bin ins Kino gegangen. ● Ich habe ferngesehen.

6 Was hast du gestern in der Pause gegessen?
   ▲ ein Butterbrot mit Nutella ● Chips und Schokolade ■ einen Apfel und eine Banane
7 Für wie viele Minuten kannst du joggen gehen?
   ■ 16 Minuten ▲ 6–15 Minuten
   ● 0–5 Minuten

Hast du meistens ▲ oder ● oder ■ gewählt?

▲ Du bist sehr fit! Mach so weiter!

■ Du bist ziemlich fit, aber du kannst noch fitter sein! Treib ein bisschen mehr Sport. Hast du einen Sportclub oder ein Schwimmbad in der Nähe? Geh dahin! Oder spiel mal Fußball oder Tennis mit Freunden.

● Du bist nicht sehr fit! Treib mehr Sport! Geh einmal in der Woche schwimmen oder spiel Fußball. Und vergiss nicht – gesundes Essen hilft dir!

5 Annalieses Tagesablauf

Talking about daily routine

HÖREN

1a Hör zu und lies.

1 Ich wache auf.

2 Ich stehe auf.

3 Ich frühstücke.

4 Ich gehe in die Schule.

5 Schule aus! Ich gehe nach Hause.

6 Ich esse zu Mittag. Dann mache ich Hausaufgaben.

7 Ich esse zu Abend.

8 Ich gehe ins Bett.

Ich	stehe/wache	auf.
	gehe	in die Schule / ins Bett / nach Hause.
	frühstücke.	
	esse	zu Mittag / zu Abend.

LESEN

1b Was sagt Annaliese dann?

Beispiel: 1 Ich stehe auf.

1 um sieben Uhr   **2** um zehn nach eins   **3** um halb acht   **4** um Viertel vor sieben
5 um Viertel nach sieben   **6** um Viertel vor zwei   **7** um zehn Uhr

SPRECHEN

1c Partnerarbeit. Beantworte die Fragen für Annaliese.

Beispiel: ▲ Es ist (sieben Uhr). Was machst du?
    ● (Ich stehe auf.) Es ist (zehn nach eins).
       Was machst du?

Grammatik

Separable verbs

aufwachen → ich wache auf
aufstehen → ich stehe auf

Lern weiter ▶ 3.4, Seite 126

2a **Beantworte die Fragen für dich.**
Beispiel: **1** Um acht Uhr.

 2b **Partnerarbeit.**
Beispiel: ▲ Wann (wachst du auf)?
● (Um sieben Uhr.) Wann (stehst du auf)?

3a **Hör zu und mach Notizen für Miriam am Sonntag.**
Beispiel: wache auf – 9.00

 3b **Beschreib Miriams Sonntag.**
Beispiel: Um neun Uhr wacht sie auf.

wacht auf	isst	steht auf
frühstückt	geht	

4 **Lies den Artikel und ordne die Bilder.**
Beispiel: b, ...

Wann ...

1 ... frühstückst du?
2 ... isst du zu Mittag?
3 ... stehst du auf?
4 ... gehst du in die Schule?
5 ... gehst du ins Bett?
6 ... isst du zu Abend?
7 ... wachst du auf?
8 ... gehst du nach Hause?

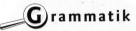 **Grammatik**

Word order: time = number 1, verb = number 2

1	2	
Um sieben Uhr	wache	ich auf.
Um halb eins	esse	ich zu Mittag.

Lern weiter ▶ 4.2, Seite 129

Ein Tag mit den „Blauen Socken"

Die Handball-Mannschaft „Die Blauen Socken" macht eine Trainingswoche. Hier beschreibt Helmut Oberst einen typischen Tag im Trainingslager:

„Um sieben Uhr stehen wir auf und gehen joggen. Gegen Viertel nach acht frühstücken wir – immer gesund natürlich und wir trinken keinen Kaffee! Um neun Uhr sehen wir uns Trainingsvideos an und um zehn Uhr beginnt das Handballtraining in der Sporthalle. Um halb eins essen wir zu Mittag – wieder sehr gesund! Am Nachmittag trainieren wir im Sportclub oder wir gehen schwimmen. Um halb acht essen wir zu Abend und dann haben wir frei – meistens sehen wir fern oder wir faulenzen. Gegen halb elf gehen wir ins Bett."

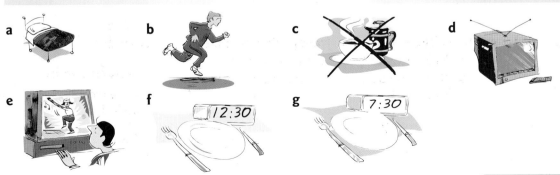

6 Was für eine Woche!

Understanding a report about a busy activity week

1a **Lies Saschas Tagebuch für die Projektwoche und verbinde die Satzhälften.**
Beispiel: **1** e

1 Am Montag hat Sascha
2 Im SEZ ist Sascha
3 Im Stadion von Hertha BSC Berlin hat Sascha
4 Am Donnerstag hat Sascha
5 Im Velodrom ist Sascha
6 Am Donnerstag sind Tina und Sascha

a ein Tor geschossen.
b Rad gefahren.
c ins Wasser gefallen.
d den Tag an der Kletterwand verbracht.
e Handball und Basketball gespielt.
f ins Café gegangen.

Die Projektwoche – Sportprogramm

Montag
Um Viertel vor acht war ich schon in der Sporthalle. Meine Gruppe hat Handball gespielt, und das war sehr lustig! Am Nachmittag haben wir mit Jörg Lütcke und Stipo Papic vom ALBA Berlin (das Basketball-Team!) trainiert. Zuerst sind wir joggen gegangen und dann haben wir Basketballübungen gemacht. Das war sehr anstrengend, aber jetzt kann ich besser Basketball spielen!

Dienstag
Um halb acht bin ich mit der S-Bahn zum SEZ (Sport- und Erholungszentrum) gefahren. Dort haben wir in Kajaks trainiert – das habe ich noch nie gemacht und ich bin oft ins Wasser gefallen! Nach dem Training haben meine Arme wehgetan! Am Nachmittag haben wir einen Film gesehen. Das war ziemlich langweilig, aber gar nicht anstrengend!

Mittwoch
Um neun Uhr haben wir eine Tour im Stadion von Hertha BSC Berlin gemacht. Das war sehr interessant, aber es hat geregnet und mein Regenschirm war zu Hause, also war ich am Ende total nass! Am Nachmittag haben wir im Stadion Fußball gespielt und ich habe ein Tor geschossen! Das war echt klasse!

Donnerstag
Heute haben wir den ganzen Tag an der Kletterwand verbracht. Das war schwierig, aber die Trainerin war sehr hilfsbereit und freundlich und hat mir geholfen. Leider ist Tina gefallen und hat sich wehgetan, also sind wir ins Café gegangen. Wir haben Cola getrunken und Hamburger gegessen – nicht sehr gesund, aber lecker!

Freitag
Heute Vormittag sind wir mit der S-Bahn zum Velodrom gefahren. Wir sind Rad gefahren und ich war besonders schnell! Das war total super, aber leider bin ich vom Rad gefallen, und jetzt tut mein Ellbogen weh! Am Nachmittag hatten wir ein Handballturnier. Meine Mannschaft hat gewonnen und wir haben alle eine Medaille bekommen.

1b **Beantworte die Fragen.**

Beispiel: **1** Dienstag

An welchem Tag ...

1 ... war Sascha oft im Wasser?

2 ... hat Tina sich wehgetan?

3 ... ist Sascha zum Stadion gefahren?

4 ... hat Sascha eine Medaille bekommen?

5 ... hat Sascha Basketball gespielt?

6 ... hat die Trainerin Sascha geholfen?

7 ... ist Sascha Rad gefahren?

8 ... hat Sascha ein Tor geschossen?

9 ... hat es geregnet?

10 ... hat Sascha einen Film gesehen?

Keine Panik beim Lesen! Du musst nicht alle Wörter verstehen, um diese Übung zu machen! Lies die Texte durch und such dir die Schlüsselwörter aus: z.B. „Wasser", „Tina", „Film", „Tor" usw.

 1c **Hier sind zehn Verben. Suche die Partizipien in Saschas Tagebuch.**
Was heißt das auf Englisch?

Beispiel: **1** helfen – geholfen (*helped*)

1 helfen	**3** regnen	**5** trinken	**7** fallen	**9** verbringen
2 bekommen	**4** schießen	**6** wehtun	**8** gewinnen	**10** trainieren

 1d **Ergänze die Sätze mit den richtigen Partizipien aus Übung 1c.**

Beispiel: **1** Gestern war Sascha im Stadion und er hat ein Tor geschossen.

1 Gestern war Sascha im Stadion und er hat ein Tor ... . Seine Mannschaft hat ... .

2 Beim Training im Kajak ist Sascha oft ins Wasser ... .

3 Tina ist von der Kletterwand ... und sie hat sich ... .

4 Die Trainerin hat Sascha an der Kletterwand ... .

5 Sascha hat eine Medaille ... .

6 Im Stadion hat es ... und Sascha hatte keinen Regenschirm dabei.

7 Die Gruppe hat mit ALBA Berlin ... .

2 **Sieh dir die Symbole an.**
Finde die sieben Fehler im Text und korrigiere sie.

Beispiel: Am <u>Montag</u> habe ich ...

Am Mittwoch habe ich Fußball gegessen. Das war echt klasse und ich habe drei Tore geschossen! Meine Mannschaft hat gewonnen. Am Dienstag bin ich ins Sportzentrum gegangen. Leider war das Wasser sehr heiß und das war schrecklich. Am Mittwoch hatten wir ein Tennisturnier, aber ich hatte ein Problem: ich habe meine Hausaufgaben zu Hause vergessen.

7 Die Familie Topfit!

HÖREN

1a Hör zu und lies.

*L*etztes Jahr war die Familie Topfit in Form. Aber am Freitag, den 13. Mai, fand ihre Topform ein Ende ...

An diesem Freitag ist Herr Topfit um halb sechs aufgestanden. Er ist dann im Park joggen gegangen.

Es war schön und sonnig und Herr Topfit war in Topform. Aber auch Angus war im Park. Angus ist ein brauner Hund. Angus hat Jogger schon immer doof gefunden und ist Herrn Topfit hinterhergelaufen ... Angus hat ihn ins Bein gebissen und ist weggelaufen. Herr Topfit ist sofort zu Boden gefallen.

RESULTAT: Das Bein hat ihm wehgetan und er hatte Bauchschmerzen.

Frau Topfit ist am diesem Freitag auch um halb sechs aufgestanden. Wie immer ist sie zum Keller hinuntergegangen – denn dort hatte sie ein Trainingsfahrrad. Aber an diesem Morgen war sie sehr müde und sie hat den Fußball nicht gesehen. So ist sie die Treppen hinuntergefallen.

RESULTAT: Sie hatte furchtbare Kopfschmerzen und der Arm hat ihr wehgetan.

Tommy Topfit ist an diesem Freitag, den 13., um sechs Uhr aufgestanden. Er hat ein Glas Milch getrunken und ein Butterbrot und einen Apfel gegessen. Dann ist er mit dem Rad in die Schule gefahren. Die Schule war vierzig Kilometer weg und Tommy ist sehr schnell gefahren.

Plötzlich hat er eine alte Frau mitten auf der Straße gesehen. Hilfe! Er hat gebremst, aber die Bremsen waren kaputt. So ist Tommy vom Rad gefallen.

RESULTAT: Die Schulter, der Rücken und der linke Ellbogen haben ihm wehgetan.

An diesem Freitag ist Tiffany Topfit um halb sieben aufgestanden und sofort zum Schwimmbad gegangen. Dort ist sie eine Stunde lang geschwommen. Danach ist sie nach Hause gegangen, aber es regnete und Tiffany hatte ein Problem: ihr Regenschirm war zu Hause. So ist sie auf dem Weg nach Hause total nass geworden.

RESULTAT: Sie hatte Schnupfen und Fieber.

gefunden	*found*	mitten auf der Straße	*in the middle of the street*
hinterhergelaufen	*ran behind*	gebremst	*braked*
gebissen	*bit*	die Bremsen	*brakes*
zu Boden gefallen	*fell to the ground*	es regnete	*it was raining*
hinuntergegangen	*went down*		

1b LESEN **Beanworte die Fragen.**

Beispiel: **1** Um halb sechs.

1 Wann ist Herr Topfit aufgestanden?
2 Wie war das Wetter im Park?
3 Was war im Keller?
4 Was hat Frau Topfit nicht gesehen?

5 Was hat Tommy getrunken?
6 Was hat Tommy gegessen?
7 Wann ist Tiffany aufgestanden?
8 Was hat sie zu Hause vergessen?

1c LESEN **Ist das für Herrn Topfit, Frau Topfit, Tommy oder Tiffany?**

Beispiel: **a** Tommy

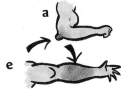

1d SPRECHEN **Partnerarbeit. Benutzt die Bilder oben. Bist du Herr Topfit, Frau Topfit, Tommy oder Tiffany?**

Beispiel: ▲ Was ist los mit dir?
          ● (Mein Ellbogen tut weh.)
          ▲ Du bist (Tommy).
          ● (Richtig!) Was ist los mit dir?

2 HÖREN **Hör zu. Die Familie Topfit geht zum Arzt. Was sagt der Arzt? (1–4)**

Beispiel: **1** e, h

a Bleib zwei Tage im Bett!
b Nimm dieses Medikament dreimal am Tag!
c Bleiben Sie drei Tage zu Hause!
d Nehmen Sie dieses Medikament einmal am Tag!

e Nehmen Sie diese Salbe dreimal am Tag!
f Nimm diese Salbe viermal am Tag!
g Trink viel Wasser!
h Gehen Sie nicht joggen!

3 SCHREIBEN **Tommys Tagesablauf ist jetzt ganz anders! Schreib den Text ab und ergänze ihn.**

Beispiel: Um halb acht stehe ich auf. Ich fahre mit dem Bus …

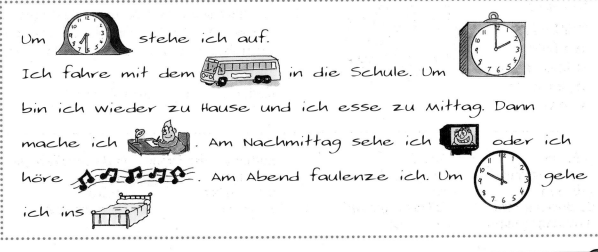

Lernzieltest   Check that you can:

1 ● name parts of the body   *Arme, Beine, Hände, Schultern, Knie, ...*
  ● name parts of the head   *die Lippe, die Nase, das Ohr, der Mund, ...*

2 ● ask a friend what the matter is   *Was ist los mit dir?*
  ● say what the matter is with you   *Ich habe Kopfschmerzen, ich bin müde und mein Bein tut weh.*

3 ● ask a friend how long they have been ill for   *Seit wann hast du das?*
  ● say how long you have been ill for   *Seit einem Tag. Seit gestern.*
  ● give advice   *Nimm diese Tabletten dreimal am Tag. Geh zum Zahnarzt. Spiel kein Tennis.*

4 ● ask how you can keep fit   *Wie kann man fit bleiben?*
  ● say how you can keep fit   *Man kann joggen gehen. Man kann im Sportclub trainieren.*
  ● ask a friend how often they exercise   *Wie oft gehst du schwimmen?*
  ● say how often you exercise   *Ich gehe oft schwimmen. Ich trainiere nie im Sportclub.*

5 ● ask a friend about his/her daily routine   *Wann stehst du auf? Wann gehst du in die Schule?*
  ● talk about your daily routine   *Um halb acht frühstücke ich. Um drei Uhr gehe ich nach Hause.*

6 ● understand a report about a busy activity week

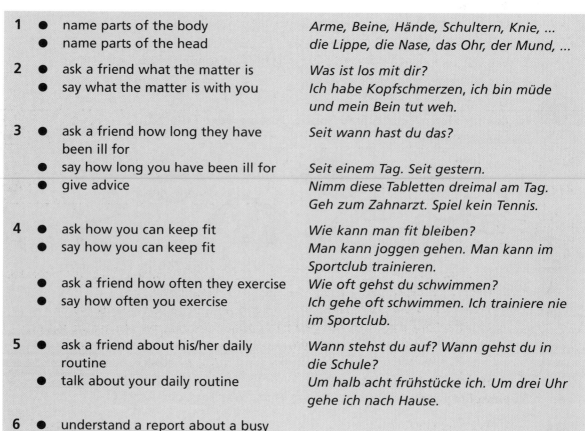

Wiederholung

1 **Hör zu. Richtig oder falsch?**
Beispiel: 1 Richtig

2 Partnerarbeit. Bist du Danny oder Fatima?

Beispiel: ▲ Wie kann man fit bleiben?
   ● Man kann (Fußball spielen).
   ▲ Wie oft machst du das?
   ● Das mache ich (einmal in der Woche).
   ▲ Du bist (Danny).
   ● (Richtig!) Wie kann man fit bleiben?

Danny	1 x Woche	–	Sa./So.	2 x Woche	–
Fatima	–	j. Tag	oft	So.	1 x Woche

3 Ordne den Dialog.

Beispiel: f, ...

a O, danke schön.
b O.K. Ich gebe dir eine Salbe. Nimm sie zweimal am Tag.
c Gestern habe ich Basketball gespielt und jetzt tut mein Ellbogen weh.

d Und Irene, spiel bitte für einen Monat kein Basketball!
e AHHHHH! Ja, das tut weh!
f Hallo, Irene. Was ist los mit dir?
g O, lass mich mal sehen ... Tut das weh?

4 Lies den Text. Wer ist das?

Beispiel: 1 Joanne

1 Wer hat eine Schwester?
2 Wer ist ein Wasserfan?
3 Wer wohnt in Köln?
4 Wer isst gern Eis?
5 Wer hat eine Radtour gemacht?

6 Wer ist schwimmen gegangen?
7 Wer hat im Café gegessen?
8 Wer ist zum Arzt gegangen?
9 Wer hat das Fußballspiel gewonnen?
10 Wer hat ihre Großmutter besucht?

Was hast du am Samstag gemacht?

Am Samstag habe ich Fußball gespielt – das war anstrengend und sehr kalt und windig, aber meine Mannschaft hat gewonnen! **PETER**

Am Samstag habe ich mit meiner Schwester eine Radtour gemacht. Wir sind zu einem kleinen Dorf gefahren, aber meine Schwester ist vom Rad gefallen, also mussten wir zum Arzt gehen. **JOANNE**

Am Samstag habe ich meine Großmutter in Köln besucht und wir sind zusammen zum Park gegangen. Das war ein bisschen langweilig, aber ich habe ein großes Schokoladeneis gegessen, also war es nicht zu schlimm! **MONIKA**

Am Samstag bin ich schwimmen gegangen. Das war sehr lustig und ich bin den ganzen Vormittag im Schwimmbad geblieben. Danach war ich sehr hungrig, also habe ich im Café Pizza und Salat gegessen. **MICHAEL**

5 Beschreib die Bilder aus Übung 1.

Beispiel: **1** Es ist zehn vor sieben. Ich wache auf.

Wörter

Der Körper	The body
der Arm(e)	arm
der Bauch	stomach
der Ellbogen(-)	elbow
der Finger(-)	finger
der Fuß(Füsse)	foot
der Hals	neck
der Kopf	head
der Mund	mouth
der Po	bottom
der Rücken	back
der Zahn(¨e)	tooth
der Zeh(en)	toe
die Hand(¨e)	hand
die Lippe(n)	lip
die Nase	nose
die Schulter(n)	shoulder
das Bein(e)	leg
das Gesicht	face
das Knie(-)	knee
das Ohr(en)	ear

Krankheiten	Illnesses
Was ist los mit dir?	What's the matter with you?
Was hast du?	What's wrong?
Mein Bein tut weh.	My leg hurts.
Meine Beine tun weh.	My legs hurt.
Ich habe …	I've got …
Bauchschmerzen.	stomachache.
Halsschmerzen.	a sore throat.
Kopfschmerzen.	a headache.
Ohrenschmerzen.	earache.
Zahnschmerzen.	toothache.
Fieber.	a temperature.
Schnupfen.	a cold.
Ich bin müde.	I'm tired.
Ich bin krank.	I'm ill.

Beim Arzt	At the doctor's
Seit wann hast du das?	Since when have you had it?
Seit einem Tag.	For a day.
Seit zwei Tagen.	For two days.
Seit gestern.	Since yesterday.
Seit Freitag.	Since Friday.
Lass mich mal sehen!	Let me see!
Mach mal bitte den Mund auf.	Open your mouth, please.
Tut das weh?	Does that hurt?
Das ist sehr schlimm.	That is very serious.
Das ist nicht so schlimm.	That's not so bad.
Was mache ich denn?	What should I do?
Trink viel Wasser.	Drink a lot of water.
Nimm dieses Medikament.	Take this medicine.
Nimm diese Tropfen.	Take these drops.
Nimm diese Salbe.	Apply this ointment.
dreimal/fünfmal am Tag	three/five times a day
Bleib zwei Tage im Bett.	Stay in bed for two days.
Geh zum Zahnarzt.	Go to the dentist.
Spiel kein Tennis.	Don't play tennis.

Fitness	Fitness
Wie kann man fit bleiben?	How can you stay fit?
Man kann …	You can …
schwimmen gehen.	go swimming.
joggen gehen.	go jogging.
wandern gehen.	go walking.
Fußball spielen.	play football.
im Sportclub trainieren.	work out at the sports centre.
Radtouren machen.	go for bike rides.
zu Fuß in die Schule gehen.	walk to school.
gesund essen.	eat healthily.

Wie oft gehst du schwimmen?	*How often do you go swimming?*
einmal in der Woche	*once a week*
zweimal in der Woche	*twice a week*
jeden Tag	*every day*
immer	*always*
manchmal	*sometimes*
oft	*often*
nie	*never*
selten	*rarely*

Der Tagesablauf — *The daily routine*

aufwachen	*to wake up*
aufstehen	*to get up*
frühstücken	*to have breakfast*
in die Schule gehen	*to go to school*
nach Hause gehen	*to go home*
ins Bett gehen	*to go to bed*
zu Mittag essen	*to eat lunch*
zu Abend essen	*to eat supper*
fernsehen	*to watch television*

1 Beim Frühstück

Talking about what you had for breakfast

Frühstückswoche bei Superspar!
Diese Woche im Sonderangebot …
Große Auswahl – billige Preise!
Frühstück schmeckt immer lecker bei
Superspar!

HÖREN 1
Hör zu. Was ist das? (1–9)
Beispiel: 1 Schinken

Joghurt – 3,8% Fett, Vanille, Erdbeer, Banane **125g**
€0,45

Toastbrot – 500g + 10 Scheiben extra!
€0,95

Müsli – Apfel-Orangen, Nuss-Schokolade
€1,95

Schinken – frisch aus Bayern **100g**
€1,65

Eier – 10 Stück
€1,50
(Ein Ei zum Frühstück ist immer gesund!)

Käse – Emmenthaler 100g
€1,35
Frühstückskäse **125g**
€1,75

Brötchen (lecker mit Butter!) – das Stück
€0,25

Marmelade – Erdbeer oder Aprikosen, 1 Glas
€1,25

Butter – aus Österreich, 250g
€1,25

Und zu trinken?
Schokomilch
Trinkjoghurt
Kaffee, entkoffeiniert

Tee
Früchtetee, Earl Grey,
Darjeeling, …

HÖREN 2
Hör zu. Haben sie das zum Frühstück gegessen und getrunken? Richtig oder falsch? (1–5)
Beispiel: 1 Richtig

1 Brötchen, Schinken, Schokomilch
2 Milch
3 Vanillejoghurt, Trinkjoghurt

4 Nuss-Schokolade Müsli, Früchtetee
5 vier Scheiben Toastbrot, Butter, zwei Eier, Kaffee

SPRECHEN 3
Wie spricht man das richtig auf Deutsch aus?

1 Ich esse gern **Joghurt**.
2 **Toast** ist lecker.
3 **Müsli** mit Milch, bitte.
4 Einmal **Kaffee**, bitte.
5 Brot mit **Butter** und **Marmelade** für mich.
6 Ich habe **Tee** getrunken.
7 **Schokolade** esse ich gern.

Pass auf! Einige Wörter sehen wie englische Wörter aus. Aber bitte, keine englische Aussprache auf Deutsch!

4a Gruppenarbeit. Schreib die Tabelle ab und füll sie für sechs Personen aus.

Beispiel: ▲ (Sam), was hast du heute zum Frühstück gegessen?
● Ich habe (Cornflakes) gegessen.
▲ Und was hast du getrunken?
● Ich habe (Milch) getrunken.

	Gegessen?	Getrunken?
1 (Sam)	Cornflakes	Milch

Ich habe	Toast(brot) / Müsli / Joghurt / Käse / ein Ei / zwei Eier / Schinken / Brötchen / Brot / Butter / Marmelade	gegessen.
	Schokomilch/Milch/Kaffee/Tee/Trinkjoghurt/nichts	getrunken.

4b Schreib die Resultate auf.

Beispiel: Drei Personen haben Cornflakes gegessen. Eine Person hat Kaffee getrunken. …

5a Wem gehört welches Frühstück?

Beispiel: a Stefan

Hanne

Heute habe ich um Viertel vor sieben gefrühstückt. Zuerst habe ich Müsli mit Milch und Zucker gegessen. Dann habe ich drei Scheiben Brot mit Butter und Erdbeermarmelade gegessen – das war lecker! Zum Trinken hatte ich eine Tasse Tee – aber die war kalt! Danach war ich noch hungrig, also habe ich einen Vanillejoghurt gegessen.

Lena

Heute habe ich den Wecker nicht gehört, also habe ich nur schnell gefrühstückt. Ich habe Müsli mit Orangensaft gehabt – wir hatten keine Milch zu Hause!

Stefan

Ich habe um halb acht gefrühstückt. Ich habe zwei gekochte Eier mit Toast und ein Schinkenbrötchen gegessen. Ich habe Schokomilch getrunken – meine Mutter hat zehn Kartons davon im Sonderangebot gekauft, aber leider schmeckt sie nicht so gut!

a

b

c

d

5b Das vierte Frühstück oben gehört Miguel. Was hat er gegessen und getrunken?

Beispiel: Miguel hat Müsli mit … gegessen. Er hat … getrunken.

2 Leckerbissen!

Talking about what you do and do not like eating

HÖREN

1 Hör zu und wiederhole.

Was isst du gern?

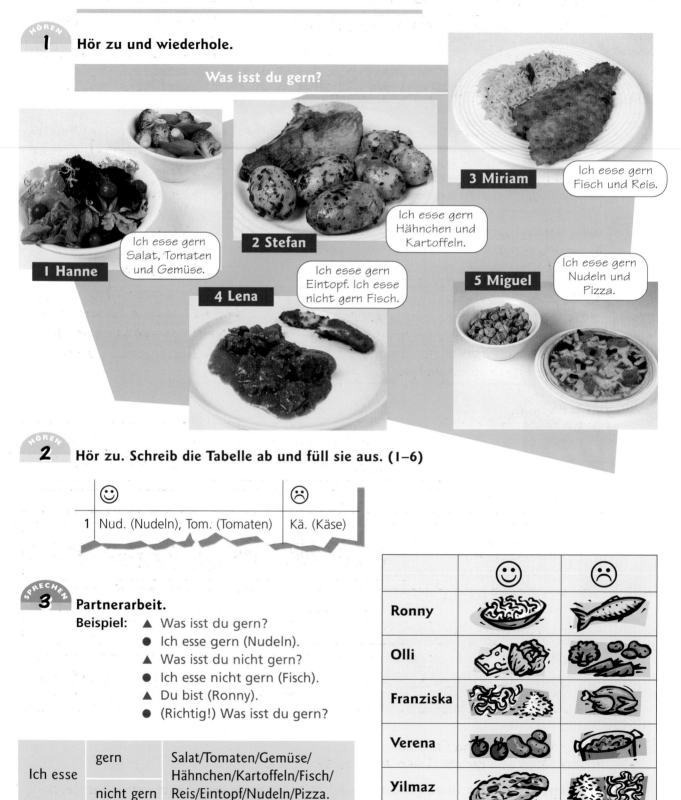

1 Hanne

Ich esse gern Salat, Tomaten und Gemüse.

2 Stefan

Ich esse gern Hähnchen und Kartoffeln.

3 Miriam

Ich esse gern Fisch und Reis.

4 Lena

Ich esse gern Eintopf. Ich esse nicht gern Fisch.

5 Miguel

Ich esse gern Nudeln und Pizza.

HÖREN

2 Hör zu. Schreib die Tabelle ab und füll sie aus. (1–6)

☺	☹
1 Nud. (Nudeln), Tom. (Tomaten)	Kä. (Käse)

SPRECHEN

3 Partnerarbeit.

Beispiel: ▲ Was isst du gern?
● Ich esse gern (Nudeln).
▲ Was isst du nicht gern?
● Ich esse nicht gern (Fisch).
▲ Du bist (Ronny).
● (Richtig!) Was isst du gern?

	☺	☹
Ronny		
Olli		
Franziska		
Verena		
Yilmaz		

Ich esse	gern	Salat/Tomaten/Gemüse/ Hähnchen/Kartoffeln/Fisch/
	nicht gern	Reis/Eintopf/Nudeln/Pizza.

HÖREN 4 Hör zu. Schreib die Tabelle ab und füll sie aus. (1–4)

	gern ♥	lieber ♥♥	am liebsten ♥♥♥
1	Müsli	Ei mit Toast	Brötchen mit Schinken

Grammatik

Talking about what you like

♥	Ich esse **gern**	Fisch.
♥♥	Ich esse **lieber**	Hähnchen.
♥♥♥	**Am liebsten** esse ich	Schinken.

Lern weiter ▶ 3.9, Seite 128

LESEN 5 Lies die Texte und sieh dir das Tagesmenü an. Was bestellen sie?

Beispiel: 1 Tomatensalat, …

1 Ich bin Vegetarier. Ich esse nicht gern Käse und ich bin allergisch gegen Erdbeeren.

2 Ich mag Fisch nicht, und Gemüse esse ich auch nicht gern. Tomaten finde ich nicht gut. Am liebsten esse ich Kuchen.

3 Ich esse gern Fisch, aber noch lieber esse ich Schinken. Am liebsten esse ich Hähnchen. Käse mag ich nicht. Ich esse gern Kuchen, aber heute ist es sehr heiß, also esse ich lieber ein Eis.

Tagesmenü

Fischsuppe
Tomatensalat
Schinkensalat

✦✦✦✦✦✦✦✦✦

Hähnchen mit Pommes
Gemüseeintopf mit Reis
Nudeln mit Schinken und Tomaten

✦✦✦✦✦✦✦✦✦✦✦✦✦✦✦

Erdbeereis/Apfelkuchen/Käsesorten

SPRECHEN 6 Partnerarbeit.

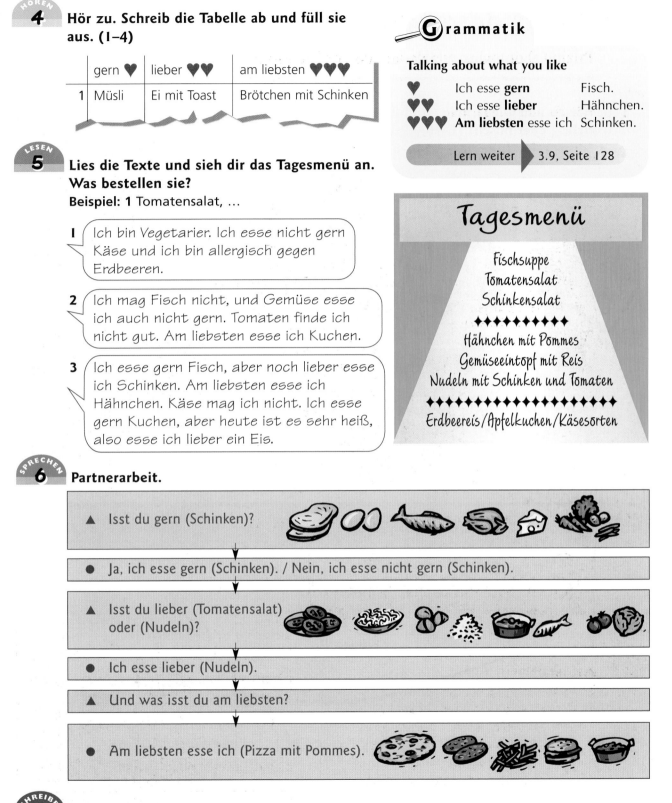

▲ Isst du gern (Schinken)?

● Ja, ich esse gern (Schinken). / Nein, ich esse nicht gern (Schinken).

▲ Isst du lieber (Tomatensalat) oder (Nudeln)?

● Ich esse lieber (Nudeln).

▲ Und was isst du am liebsten?

● Am liebsten esse ich (Pizza mit Pommes).

SCHREIBEN 7 Beantworte die Fragen für dich.

Beispiel: 1 Ich esse gern Schinken, Pommes, Wurst und Ketchup.

1 Was isst du gern?
2 Isst du lieber Gemüse oder Wurst?

3 Trinkst du lieber Schokomilch oder Tee?
4 Was isst du am liebsten?

3 Auf dem Markt

Buying fruit and vegetables at the market

Hör zu und wiederhole. Sind die Preise richtig oder falsch? (1–16)
Beispiel: **1** Richtig

€ 1/kg
Kartoffeln

€ 1,50/kg
Tomaten

€ 0,35 pro Stück
Gurken

€ 0,60/kg
Zwiebeln

€ 2/kg
Birnen

€ 0,50/kg
Zitronen

Champignons
€ 4/kg

Bohnen
€ 3,50/kg

Karotten
€ 0,75/kg

€ 1,25/kg
Orangen

Kirschen
€ 3,50/kg

Trauben
€ 3,50/kg

Bananen
€ 1,50/kg

Erdbeeren
€ 2,50/kg

Äpfel
€ 2,20/kg

Pflaumen
€ 1,50/kg

ein Apfel / zwei Äpfel	apple/apples
eine Banane / zwei Bananen	banana/bananas
eine Birne / zwei Birnen	pear/pears

Wie lerne ich so viele neue Wörter? Ich weiß es! Ich mache eine Vokabelliste am Computer! Dann kleb ich die Liste an die Wand!

Partnerarbeit. Memoryspiel!
Beispiel:
- ▲ Ich esse gern (Äpfel). Was isst du gern?
- ● Ich esse gern (Äpfel und Pflaumen). Was isst du gern?
- ▲ Ich esse gern (Äpfel, Pflaumen und Bohnen). Was isst du gern? …

Hör zu und wiederhole.

100 g
50 g
150 g
125 g
500 g
200 g
2 Kg
3 Kg
1 Kg

fünfzig Gramm
hundert Gramm
hundertfünfundzwanzig Gramm
hundertfünfzig Gramm
zweihundert Gramm
fünfhundert Gramm
ein Kilo
zwei Kilo
drei Kilo

4 Hör zu. Was passt zusammen? (1–8)
Beispiel: 1 f

5 Hör zu. Was kaufen sie auf dem Markt? (1–5)
Beispiel: **1** 2 kg Kartoffeln, 1 kg Champignons, …

6a Partnerarbeit. Übt Dialoge auf dem Markt.

Beispiel: ▲ Guten Tag!
  ● Guten Tag! Bitte sehr?
  ▲ Ich möchte (hundert Gramm Trauben) und (drei Bananen), bitte.
  ● Sonst noch etwas?
  ▲ Ja, ich möchte auch (fünfhundert Gramm Zwiebeln).
  ● (Ein Euro fünfundfünfzig), bitte.
  ▲ Danke schön. Auf Wiedersehen.

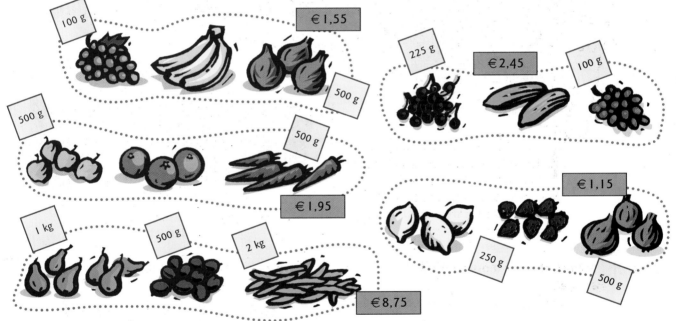

6b Schreib zusammen mit deinem Partner / deiner Partnerin
einen Dialog für eine Liste oben auf. Spielt ihn zu zweit vor.

MINI-TEST

Check that you can:
● talk about what you had for breakfast
● talk about what you do and do not like eating
● buy fruit and vegetables at the market

4 Geschäfte

Talking about where shops are

HÖREN

1a **Hör zu und wiederhole. Ist das die Wilhelmstraße, die Rathausstraße oder die Unterstraße? (1–3)**

das Blumengeschäft

die Bäckerei

Wilhelmstraße

die Metzgerei

der Kiosk

Unterstraße

die Buchhandlung

der Friseursalon

der Supermarkt

die Apotheke

der Musikladen

das Sportgeschäft

Rathausstraße

die Boutique

die Konditorei

SCHREIBEN

1b **Mach drei Listen von den Geschäften oben.**

der/er	die/sie	das/es
Kiosk	Boutique	

Hast du alles richtig geschrieben? Überprüfe es im Wörterbuch!

Grammatik

It

m	f	n
der → er	die → sie	das → es

Lern weiter ▶ 2.1, Seite 124

SPRECHEN

1c **Partnerarbeit.**

Beispiel: ▲ Wo ist (der Musikladen)?
● (Er) ist in der (Rathausstraße).
  Wo ist (die Buchhandlung)?
▲ (Sie) ist in der (Unterstraße).
  Wo ist (das Sportgeschäft)?
● (Es) ist in der (Rathausstraße).

Grammatik

In + the dative
die Rathausstraße → Er ist **in der** Rathausstraße.

Lern weiter ▶ 5.3, Seite 134

2a **Sieh dir den Plan an. Richtig oder falsch?**
Beispiel: 1 Falsch

1 Der Supermarkt ist gegenüber von der Boutique.
2 Der Musikladen ist neben dem Blumengeschäft.
3 Die Apotheke ist zwischen der Boutique und dem Musikladen.

4 Die Metzgerei ist gegenüber vom Supermarkt.
5 Die Konditorei ist zwischen der Metzgerei und dem Musikladen.
6 Der Friseursalon ist neben der Buchhandlung.

Grammatik

Prepositions + the dative

		m	f	n
	nom.	der Supermarkt	die Boutique	das Sportgeschäft
… ist gegenüber von / neben / zwischen …	dat.	**dem** Supermarkt	**der** Boutique	**dem** Sportgeschäft
von dem = **vom**		Das ist gegenüber **vom** Supermarkt.		

Lern weiter ▶ 5.1, Seite 133

 2b **Partnerarbeit. Person B (●) macht das Buch zuerst zu.**
Beispiel: ▲ Wo ist (die Buchhandlung)?
● (Sie) ist (neben dem Sportgeschäft).
▲ (Richtig!) Wo ist (das Blumengeschäft)?
● (Es) ist (neben der Konditorei).
▲ (Falsch! Jetzt bin ich dran!)

Er		neben	dem	Blumengeschäft/Supermarkt/Kiosk/Friseursalon/Musikladen/Sportgeschäft.
Sie	ist	zwischen … und …		
Es		gegenüber von	der	Bäckerei/Apotheke/Metzgerei/Buchhandlung/Boutique/Konditorei.

 2c **Beantworte die Fragen.**
Beispiel: Der Supermarkt ist gegenüber von der Metzgerei und neben der Boutique.

1 Wo ist der Supermarkt?
2 Wo ist die Buchhandlung?
3 Wo ist der Musikladen?
4 Wo ist das Blumengeschäft?

5 Das Einkaufsspiel

Talking about which shops you are going to
Talking about which shops things are in

Jo

Ohrentropfen
Hähnchen
Wurst
Brötchen x 6

Sandra

Jeans
T-shirt
Socken
Comics
CD (für Bärbel)
Apfeltorte

LESEN

1 **Sieh dir die Einkaufslisten an und beantworte die Fragen.**
Beispiel: 1 Sandra

Wer geht …

1 … in die Konditorei?	5 … in die Metzgerei?
2 … in die Apotheke?	6 … in den Musikladen?
3 … in die Bäckerei?	7 … in den Kiosk?
4 … in den Supermarkt?	8 … in die Boutique?

Gabi

Reis
Nudeln
Milch
Kaffee
(Haarschnitt um 12.45!)

HÖREN

2 **Hör zu. Wo sind sie? Wähl die richtige Antwort aus. (1–6)**
Beispiel: 1 in der Bäckerei

1 Er ist **in der Bäckerei / im Supermarkt / in der Metzgerei**.
2 Sie ist **im Musikladen / in der Apotheke / im Friseursalon**.
3 Er ist **im Supermarkt / in der Buchhandlung / in der Bäckerei**.
4 Sie ist **im Blumengeschäft / im Sportgeschäft / in der Konditorei**.
5 Er ist **im Kiosk / in der Metzgerei / in der Boutique**.
6 Sie ist **in der Apotheke / in der Boutique / im Musikladen**.

SCHREIBEN

3 **Wo sind sie? Wo gehen sie hin?**
Beispiel: a Hanne geht **in das** Blumengeschäft. Akkusativ
b Miguel ist **in der** Konditorei.

Dativ

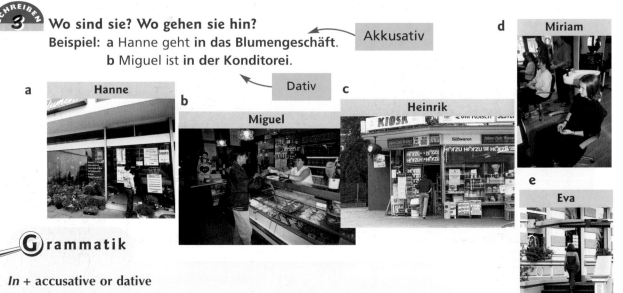

a Hanne
b Miguel
c Heinrik
d Miriam
e Eva
f Stefan

Grammatik

In + accusative or dative

Movement towards → *= accusative*	*No movement towards = dative*
Wohin gehst du? →	Wo bist du?
m Ich gehe **in den** Supermarkt. →	Ich bin **im** Supermarkt.
f Ich gehe **in die** Metzgerei. →	Ich bin **in der** Metzgerei.
n Ich gehe **ins** Sportgeschäft. →	Ich bin **im** Sportgeschäft.

Lern weiter ▶ 5.3, Seite 134

Das Einkaufsspiel

▲ Ich habe eine Drei. Eins, zwei, drei.

● Das ist grün. Wo bist du?

▲ Ich bin in der Konditorei.

● Richtig. Ich bin dran! Also, ich habe eine Fünf. Eins, zwei, drei, vier, fünf.

▲ Das ist rot. Wohin gehst du?

● Ich gehe in die Metzgerei.

■ = Wohin gehst du? ‼ = Zwei Felder zurück.

■ = Wo bist du? Falsch! = Einmal aussetzen.

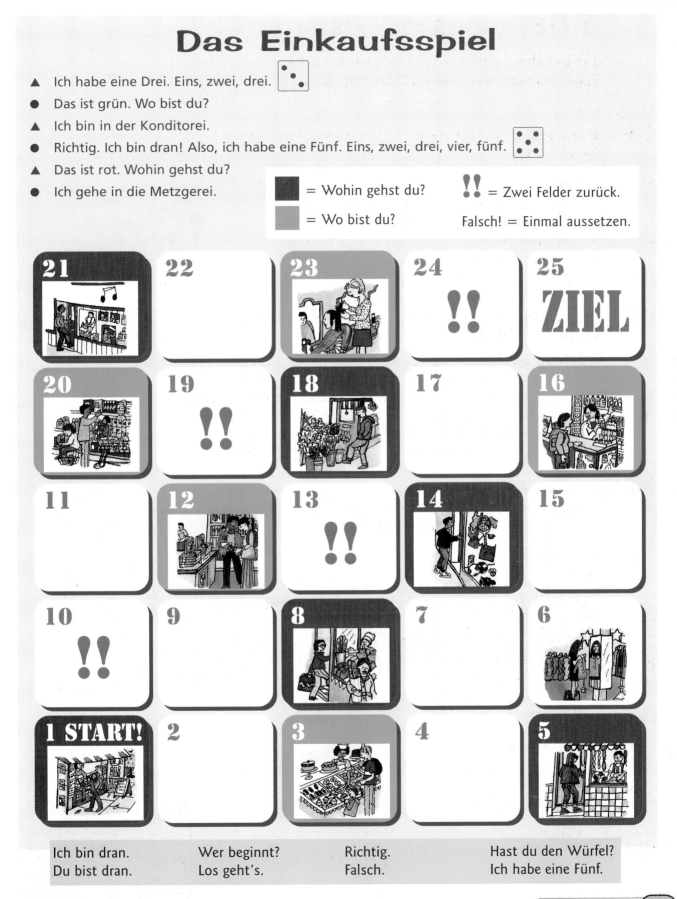

Ich bin dran.   Wer beginnt?   Richtig.   Hast du den Würfel?
Du bist dran.   Los geht's.   Falsch.   Ich habe eine Fünf.

6 Ausgeben oder sparen?

Talking about what you do with your pocket money

Hör zu und wiederhole.

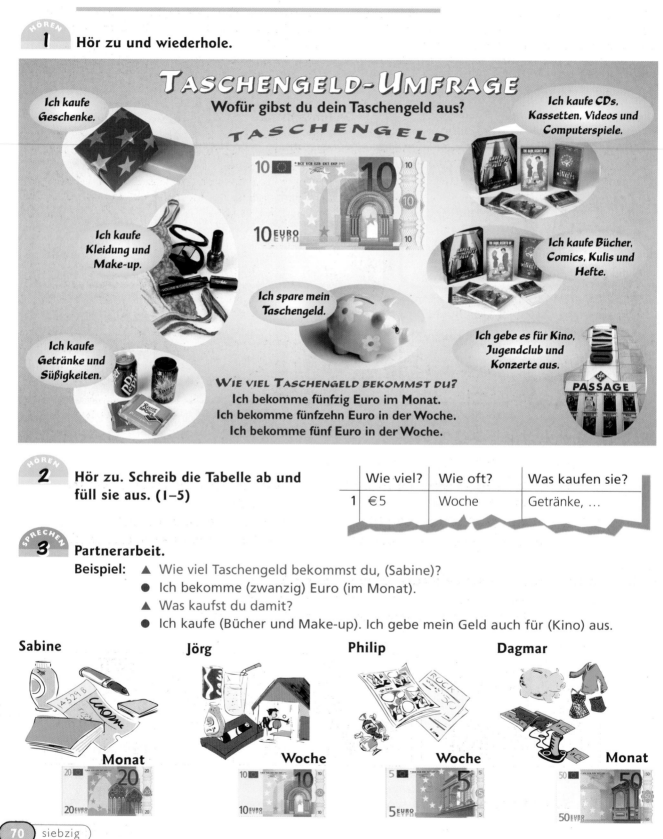

TASCHENGELD-UMFRAGE

Wofür gibst du dein Taschengeld aus?

TASCHENGELD

Ich kaufe Geschenke.

Ich kaufe CDs, Kassetten, Videos und Computerspiele.

Ich kaufe Kleidung und Make-up.

Ich kaufe Bücher, Comics, Kulis und Hefte.

Ich spare mein Taschengeld.

Ich gebe es für Kino, Jugendclub und Konzerte aus.

Ich kaufe Getränke und Süßigkeiten.

WIE VIEL TASCHENGELD BEKOMMST DU?
Ich bekomme fünfzig Euro im Monat.
Ich bekomme fünfzehn Euro in der Woche.
Ich bekomme fünf Euro in der Woche.

PASSAGE

Hör zu. Schreib die Tabelle ab und füll sie aus. (1–5)

	Wie viel?	Wie oft?	Was kaufen sie?
1	€5	Woche	Getränke, …

Partnerarbeit.

Beispiel: ▲ Wie viel Taschengeld bekommst du, (Sabine)?
● Ich bekomme (zwanzig) Euro (im Monat).
▲ Was kaufst du damit?
● Ich kaufe (Bücher und Make-up). Ich gebe mein Geld auch für (Kino) aus.

Sabine

Monat

Jörg

Woche

Philip

Woche

Dagmar

Monat

4a **Wer hat das gekauft? Hanne, Stefan, Lena oder Miriam?**

Beispiel: a Lena

Hanne

Ich bekomme zehn Euro Taschengeld in der Woche. Manchmal spare ich mein Geld. Letzte Woche habe ich Make-up und ein Computerspiel gekauft. Ich bin auch ins Kino gegangen, aber mein Vater hat die Karte gekauft!

Stefan

Ich bekomme sieben Euro in der Woche, aber diese Woche habe ich für meinen Großvater das Auto gewaschen und dafür habe ich fünf Euro extra bekommen! Ich habe eine CD gekauft und bin ins Kino gegangen. Manchmal kaufe ich auch Bücher.

Lena

Ich bekomme fünfundzwanzig Euro Taschengeld im Monat. Letzten Monat habe ich Kassetten, Comics und auch ein Geschenk für meine Mutter gekauft. Manchmal gebe ich mein Taschengeld für den Sportclub aus, aber letzten Monat bin ich nicht hingegangen.

Miriam

Letzten Monat habe ich zwanzig Euro von meiner Großmutter bekommen. Ich habe zwei Videos und Süßigkeiten gekauft. Ich bin auch ins Konzert gegangen, und das war echt klasse. Meine Mutter hat mir Kleidung gekauft, also habe ich ein bisschen Taschengeld gespart.

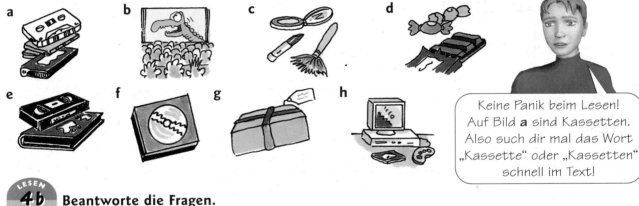

> Keine Panik beim Lesen!
> Auf Bild **a** sind Kassetten.
> Also such dir mal das Wort
> „Kassette" oder „Kassetten"
> schnell im Text!

4b **Beantworte die Fragen.**

Beispiel: **1** (Sie bekommt) zehn Euro.

1 Wie viel Taschengeld bekommt Hanne in der Woche?

2 Wer hat Hannes Kinokarte gekauft?

3 Was hat Lena für ihre Mutter gekauft?

4 Was hat Stefan für seinen Großvater gemacht?

5 Was kauft Stefan manchmal?

6 Wer hat Miriam zwanzig Euro gegeben?

5 **Wofür haben sie ihr Geld ausgegeben? Schreib Sätze.**

Beispiel: **1** Thomas hat Kassetten, CDs und Getränke gekauft.
Er ist ins Kino gegangen und er hat zehn Euro gespart.

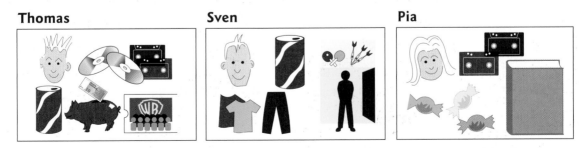

Thomas   **Sven**   **Pia**

6 **Hör zu und sing mit.**

7 Joachims Abendessen

LESEN 1a **Lies die Informationen.**

Joachim wohnt mit seiner Familie in einem Dorf. Normalerweise kocht seine Mutter das Abendessen, aber heute hat sie Geburtstag, und Joachim möchte das Abendessen kochen. Zuerst muss er das Abendessen gut planen …

1 Joachims Familie

Carola, seine Mutter, isst nicht gern Reis oder Champignons.

Thomas, sein Vater, ist allergisch gegen Käse und Erdbeeren.

Sophie, seine Schwester, ist Vegetarierin und isst Schokolade nicht gern.

Joachim, der Koch, isst alles gern!

2 Das Geld

Joachim kann €20 für das Abendessen ausgeben.

3 Die Geschäfte

In Joachims Dorf gibt es einen kleinen Supermarkt, eine Metzgerei, eine Konditorei, eine Bäckerei, einen Markt und ein Blumengeschäft.

4 Die Speisen

1.
Tomatensuppe mit Brot
Schinkenomelett
Käsebrötchen
Toastbrot mit Wurst

3.
Schokoladenkuchen
Erdbeeren und Eis
Pflaumentorte mit Sahne
Käseteller

2.
Salatteller (Wurst, Eier, Sardinen), Reissalat
Nudeln mit Tomatensoße und Salat
Hähnchen mit Kartoffeln und Bohnen
Fisch mit Champignonsoße

LESEN 1b **Beantworte die Fragen.**
Beispiel: 1 Carola, Joachims Mutter

1 Wer hat heute Geburtstag?
2 Wer ist Thomas?
3 Wer ist Vegetarierin?
4 Wie viel Geld kann Joachim ausgeben?

5 Welche Geschäfte gibt es im Dorf?
6 Was für eine Suppe gibt es auf der Speiseliste?
7 Was isst man mit den Erdbeeren?
8 Was isst man mit den Nudeln?

LESEN 1c **Lies die Informationen oben nochmal durch. Was kocht Joachim für seine Familie?**

1 Tomatensuppe mit Brot, Schinkenomelett, Käsebrötchen oder Toastbrot mit Wurst?
2 Salatteller, Nudeln, Hähnchen oder Fisch?
3 Schokoladenkuchen, Erdbeeren, Pflaumentorte oder Käseteller?

LESEN 2a Sieh dir diese Einkaufslisten an. Welche Liste gehört Joachim?

1	Käse, Fisch, Champignons, Brötchen (acht Stück), Schokoladenkuchen

2	Tomatensuppe, Tomatensoße, Sahne, Nudeln, Brot, Salat (Gurken, Karotten, Tomaten, Zwiebeln), Pflaumentorte

3	Toastbrot, Eier, Wurst, Eis, Erdbeeren, Sardinen, Reis

HÖREN 2b Hör zu. Was kostet Joachims Abendessen? Kann er das kaufen?

Beispiel: Tomatensuppe: € 2,98

2 Das Geld

Joachim kann € 20 für das Abendessen ausgeben.

SCHREIBEN 2c Wo hat Joachim alles gekauft? Schreib Sätze.

Beispiel: 1 Er hat die Tomaten auf dem Markt gekauft.

1 die Tomaten   2 die Sahne   3 das Brot   4 die Karotten   5 die Pflaumentorte

LESEN 3a Sieh dir die Speiseliste auf Seite 72 an. Wähl dir ein Abendessen aus und schreib es in einer Tabelle auf!

Schinkenomelett	Hähnchen mit Kartoffeln und Bohnen	Schokoladenkuchen

SPRECHEN 3b Gruppenarbeit. Hat jemand dasselbe Abendessen wie du? Mach Notizen.

Beispiel: ▲ Isst du (Schinkenomelett)?
   ● Nein, ich esse lieber (Tomatensuppe).
   ▲ Isst du (Hähnchen mit Kartoffeln und Bohnen)?
   ● Nein. Ich esse lieber (Fisch und Reis).
   ▲ Isst du Schokoladenkuchen?
   ● Ja, das esse ich am liebsten!

	Schinkenomelett	Hähnchen mit Kartoffeln und Bohnen	Schokoladenkuchen
1	–	–	✔

SCHREIBEN 4 Du planst ein Abendessen! Mach Informationskarten wie auf Seite 72.

1 Meine Familie

Wer ist in deiner Familie? Was isst sie gern / nicht gern?

2 Das Geld

Wie viel Geld kannst du ausgeben?

3 Die Geschäfte

Welche Geschäfte gibt es in deiner Stadt / in deinem Dorf?

4 Die Speiseliste

Mach eine Liste von Speisen.

Lernzieltest Check that you can:

1	• ask a friend what he/she ate and drank for breakfast	*Was hast du zum Frühstück gegessen/getrunken?*
	• say what you ate and drank for breakfast	*Ich habe ein Ei und Toast gegessen. Ich habe Schokomilch getrunken.*
2	• ask a friend what he/she does or doesn't like eating	*Was isst du gern? Was isst du nicht gern? Isst du gern Schinken?*
	• say what you do and don't like eating	*Ich esse gern Hähnchen. Ich esse nicht gern Fisch.*
	• ask a friend what he/she prefers eating	*Isst du lieber Fisch oder Wurst?*
	• say what you prefer eating	*Ich esse lieber Kartoffeln.*
	• ask a friend what he/she likes eating best of all	*Was isst du am liebsten?*
	• say what you like eating best of all	*Am liebsten esse ich Pizza.*
3	• name some fruit and vegetables	*Äpfel, Trauben, Karotten, Zwiebeln, …*
	• give some quantities	*hundert Gramm, ein Kilo*
	• buy fruit and vegetables at the market	*Ich möchte drei Bananen bitte.*
4	• ask where shops are	*Wo ist der Supermarkt?*
	• say where shops are	*Der Kiosk ist neben der Apotheke.*
5	• ask a friend which shop he/she is going into	*Wohin gehst du?*
	• say which shop you are going into	*Ich gehe in den Musikladen.*
	• say which shop you are in	*Ich bin in der Apotheke.*
6	• ask a friend how much pocket money he/she gets	*Wie viel Taschengeld bekommst du?*
	• say how much pocket money you get	*Ich bekomme 10 Euro im Monat.*
	• ask a friend what he/she does with his/her pocket money	*Was kaufst du damit?*
	• say what you do with your pocket money	*Ich kaufe Bücher und Make-up.*

Wiederholung

HÖREN

1 Hör zu. Was kauft man? (1–8)
Beispiel: 1 1 kg Zwiebeln

2 Hör zu. Schreib die Tabelle ab und füll sie aus. (1–4)

	gern ♥	lieber ♥♥	am liebsten ♥♥♥
1 zum Frühstück	Müsli	Schinken	Toast mit Butter und Käse
2 im Restaurant			
3 auf dem Markt			
4 Geschäfte			

3 **Partnerarbeit.**

Beispiel: ▲ Hallo (Sonja)! Was hast du heute zum Frühstück gegessen?
● Ich habe (Müsli) gegesssen.
▲ Und was hast du getrunken?
● Ich habe (Milch) getrunken.
▲ Und was hast du heute zu Mittag gegessen?

Zum Frühstück

Nessi

Sonja

Charlie

Zu Mittag

Nessi

Sonja

Charlie

4 **Lies den Text. Wer sagt das: Mark oder seine Schwester?**

Beispiel: **1** seine Schwester

1 Ich gehe gern in die Boutique.
2 Ich spare ein bisschen Geld.
3 Ich gehe gern in den Musikladen.
4 Ich esse Süßigkeiten.
5 Ich gehe oft in den Jugendclub.
6 Ich bekomme zehn Euro Taschengeld in der Woche.

Hallo! Ich bekomme €10 Taschengeld in der Woche. Ich spare zwei Euro, und fünf Euro gebe ich für Comics oder Kassetten aus. Für den Rest kaufe ich Süßigkeiten. Meine Schwester bekommt €15 in der Woche. Sie kauft Kleidung oder sie gibt das Geld für den Jugendclub aus. Sie spart nichts!

5a **Beantworte die Fragen.**

Beispiel: **1** Er hat Müsli und … gegessen.

1 Was hat Frank heute zum Frühstück gegessen/getrunken? Er hat …
2 Was hat er gestern zu Abend gegessen? Er hat …
3 Wie viel Taschengeld bekommt er? Er bekommt …
4 Wofür gibt er sein Taschengeld aus? Er kauft …

FRANK

5b **Beantworte die Fragen für dich selbst.**

Wörter

Das Frühstück — *Breakfast*

Was hast du heute zum Frühstück gegessen/getrunken? — *What did you eat/drink for breakfast today?*

Ich habe … gegessen/getrunken. — *I ate/drank …*

Brot	*bread*
Brötchen	*rolls*
Butter	*butter*
ein Ei / Eier	*an egg / eggs*
Joghurt	*yoghurt*
Kaffee	*coffee*
Käse	*cheese*
Marmelade	*jam*
Milch	*milk*
Müsli	*muesli*
Schinken	*ham*
Schokomilch	*chocolate milk*
Tee	*tea*
Toast(brot)	*toast*
Trinkjoghurt	*drinking yoghurt*
nichts	*nothing*

Das Essen — *Food*

Eintopf	*stew*
Fisch	*fish*
Gemüse	*vegetables*
Hähnchen	*chicken*
Kartoffeln	*potatoes*
Nudeln	*pasta*
Pizza	*pizza*
Reis	*rice*
Salat	*lettuce*
Tomaten	*tomatoes*

Was isst du gern? — *What do you like eating?*

Was isst du nicht gern? — *What don't you like eating?*

Ich esse (nicht) gern … — *I (don't) like eating …*

Isst du gern …? — *Do you like eating …?*

Isst du lieber … oder …? — *Do you prefer … or …?*

Ich esse lieber … — *I prefer …*

Was isst du am liebsten? — *What do you like eating best of all?*

Am liebsten esse ich … — *Best of all I like eating …*

Auf dem Markt — *At the market*

Ich möchte … — *I'd like …*

ein Kilo	*one kilo*
zwei Kilo	*two kilos*
hundert Gramm	*hundred grammes*
Äpfel	*apples*
Bananen	*bananas*
Birnen	*pears*
Bohnen	*beans*
Champignons	*mushrooms*
Erdbeeren	*strawberries*
Gurken	*cucumbers*
Karotten	*carrots*
Kartoffeln	*potatoes*
Kirschen	*cherries*
Orangen	*oranges*
Pflaumen	*plums*
Tomaten	*tomatoes*
Trauben	*grapes*
Zitronen	*lemons*
Zwiebeln	*onions*

Sonst noch etwas? — *Anything else?*

Danke schön. — *Thank you very much.*

Die Geschäfte — *The shops*

der Friseursalon	*hairdresser's*
der Kiosk	*kiosk*
der Musikladen	*music shop*
der Supermarkt	*supermarket*
die Apotheke	*chemist's*
die Bäckerei	*baker's*
die Boutique	*clothes shop*
die Buchhandlung	*bookshop*
die Konditorei	*cake shop*
die Metzgerei	*butcher's*
das Blumengeschäft	*florist's*
das Sportgeschäft	*sports shop*

gegenüber von	*opposite*
neben	*next to*
zwischen	*between*
Wohin gehst du?	*Where are you going?*
Ich gehe in den/die/das ...	*I'm going into the ...*
Wo bist du?	*Where are you?*
Ich bin im / in der ...	*I'm in the ...*

Das Taschengeld

Pocket money

Wie viel Taschengeld bekommst du?	*How much pocket money do you get?*
Ich bekomme ...	*I get ...*
zehn Euro in der Woche.	*ten euros a week.*
fünfzig Euro im Monat.	*fifty euros a month.*
Was kaufst du damit?	*What do you buy with it?*

Bücher	*books*
CDs	*CDs*
Comics	*comics*
Computerspiele	*computer games*
Geschenke	*presents*
Getränke	*drinks*
Kassetten	*cassettes*
Kleidung	*clothes*
Kulis und Hefte	*pens and exercise books*
Make-up	*make-up*
Süßigkeiten	*sweets*
Videos	*videos*
Ich kaufe	*I buy*
Ich gebe mein Geld für Kino aus.	*I spend my money on the cinema.*
Ich gebe mein Geld für Konzerte / Jugendclub aus.	*I spend my money on concerts / the youth club.*
Ich spare mein Taschengeld.	*I save my pocket money.*

1 Meine Familie

Talking about your family

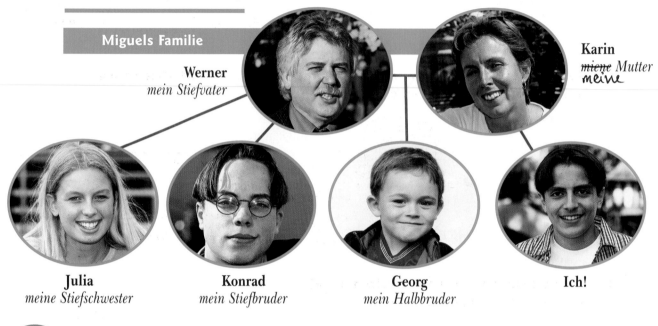

Miguels Familie

Werner
mein Stiefvater

Karin
~~miene~~ *Mutter*
meine

Julia
meine Stiefschwester

Konrad
mein Stiefbruder

Georg
mein Halbbruder

Ich!

 1a **Sieh dir Miguels Familie an. Beantworte die Fragen.**
Beispiel: 1 Werner

1 Wie heißt Miguels Stiefvater?
2 Wie heißt Miguels Stiefschwester?
3 Wie heißt Julias Bruder?

4 Wie heißt Konrads Vater?
5 Wer ist Georg?
6 Wer ist Konrad?

 1b **Partnerarbeit. Stell Fragen über Miguels Familie.**
Beispiel: ▲ Wie heißt Miguels (Stiefbruder)?
● (Er) heißt (Konrad). Wie heißt …?

1c **Ergänze den Text für Miguel.**
Beispiel: 1 Stiefvater

Werner ist mein ___1___. Er war
geschieden und er hat meine Mutter
geheiratet. Werner hat zwei Kinder –
Julia und Konrad. Konrad ist mein ___2___
und Julia ist meine ___3___. Meine Mutter
ist Konrads und Julias ___4___. Werner
und meine Mutter haben jetzt ein Kind,
Georg. Georg ist mein ___5___ und ich bin
Georgs ___6___ !

(G)rammatik

My and **your**

m	der Stiefbruder	**mein/dein** Stiefbruder
f	die Stiefschwester	**meine/deine** Stiefschwester
pl	die Schwestern	**meine/deine** Schwestern

Lern weiter ➤ 1.5, Seite 124

geschieden	*divorced*
hat … geheiratet	*married …*

2a Hör zu. Sind diese Wörter positiv oder negativ? (1–8)

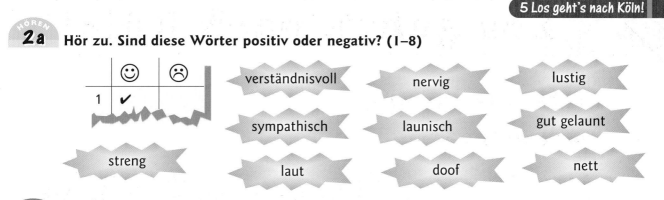

	☺	☹
1	✔	

verständnisvoll

nervig

lustig

sympathisch

launisch

gut gelaunt

streng

laut

doof

nett

2b Was bedeuten die Adjektive in Übung 2a? Schlag sie im Wörterbuch nach.
Beispiel: verständnisvoll – *understanding*

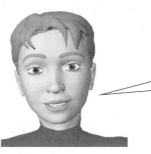

„verständnisvoll" – ich brauche den Deutsch–Englischen Teil im Wörterbuch. Also, t ... u ... v ... verständlich ... verständnislos ... hier: **verständnisvoll**!

verständnisvoll *adj* understanding

2c Hör nochmal zu und mach Notizen. (1–8)
Beispiel: 1 Stiefbruder – lustig, nett

3 Lies die Texte und ergänze die Tabelle.

1 Mein Bruder ist sehr nett, aber er ist auch ziemlich laut.
2 Gestern war meine Stiefschwester total nervig – sie hat den ganzen Abend lang nur ferngesehen.
3 Meine Stiefmutter ist sehr verständnisvoll und nett. Gestern hat sie mir bei den Hausaufgaben geholfen.
4 Meine Brüder sind oft gut gelaunt, aber gestern Abend waren sie total doof und das war schrecklich.

	☺	😐	☹
1 mein Bruder	✔		

4 Was heißt das auf Deutsch?
Beispiel: 1 der Vater

1 father
2 grandmother
3 uncle
4 aunt
5 cousin (boy)
6 cousin (girl)
7 sister

„grandmother". Tja, ich habe das deutsche Wort vergessen! Ich weiß es! Ich brauche den Englisch–Deutschen Teil im Wörterbuch.

grandmother Großmutter *f* _____

5 Beschreib deine Familie.
Beispiel: Meine Mutter ist sehr lustig. Meine Brüder sind total nervig.

2 Ankunft in Köln

Talking about a journey

1a Hör zu und wiederhole. Wer spricht? (1–10)
Beispiel: 1 f

> **Die Top-Ten-Liste für letzte Woche!**
> **Was hast du unterwegs im ICE gemacht?**

a Ich habe ein Buch gelesen.
b Ich habe Musik gehört.
c Ich habe gegessen und getrunken.
d Ich habe Computerspiele gespielt.
e Ich habe geschlafen.
f Ich habe mit Freunden geplaudert.
g Ich habe Rätsel gemacht.
h Ich habe aus dem Fenster geschaut.
i Ich habe einen Brief geschrieben.
j Ich habe nichts gemacht.

1b Partnerarbeit.
Beispiel: ▲ Was hast du unterwegs gemacht?
● Ich habe (aus dem Fenster geschaut).
▲ Du bist Person (**h**).
● (Richtig!) Was hast du unterwegs gemacht?

Grammatik

The perfect tense

Ich habe …   + *participle at the end*
Ich habe …
Du hast …   … gemacht/geschrieben.
Er/Sie hat …

> Lern weiter ▶ 4.6, Seite 131

2 Was haben diese Leute gemacht? Schreib Sätze.
Beispiel: a Jens hat aus dem Fenster geschaut.

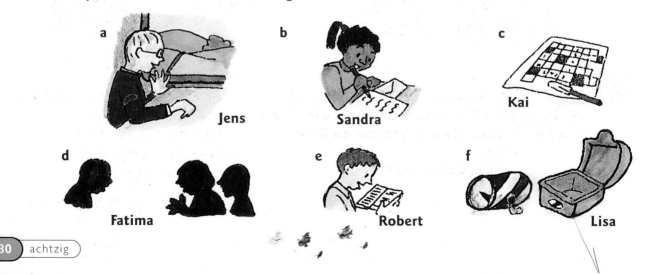

a **Jens**

b **Sandra**

c **Kai**

d **Fatima**

e **Robert**

f **Lisa**

3 Hör zu und lies. Richtig oder falsch?

Beispiel: 1 Falsch

Stefan:	Hallo, Miguel. Willkommen in Köln! Wie war die Reise?
Miguel:	Wunderbar!
Stefans Mutter:	Wann bist du abgefahren?
Miguel:	Um dreizehn Minuten nach zwölf.
Stefans Vater:	Vier Stunden im Zug! Das war sicher langweilig!
Miguel:	Nein. Es war O.K.
Stefans Mutter:	Was hast du denn unterwegs gemacht?
Miguel:	Tja, ich habe viel Musik gehört und aus dem Fenster geschaut.

1 Miguel hat die Reise langweilig gefunden.
2 Der Zug aus Berlin ist um zwölf Uhr dreizehn abgefahren.
3 Miguel war fünf Stunden im Zug.
4 Im Zug hat Miguel Musik gehört.
5 Im Zug hat Miguel ein Buch gelesen.

4 Hör zu. Schreib die Tabelle ab und füll sie aus. (1–5)

	Reise?	Abfahrt?	Unterwegs?
1	toll	10.45	gelesen, geschlafen

5 Partnerarbeit. Bist du Anke, Uwe, Mustafa oder Detlef?

Beispiel:
▲ Hallo! Wie war die Reise?
● Ach, sie war (ziemlich gut).
▲ Wann bist du abgefahren?
● Um (halb acht).
▲ Und was hast du unterwegs gemacht?
● Ich habe (ein Buch gelesen und Rätsel gemacht).
▲ Toll. Willkommen in Köln, (Anke)!

ziemlich/sehr/echt
gut
langweilig
interessant
klasse
toll
super
O.K.

Anke 😐 7.30

Mustafa 😐 8.30

Uwe 🙂 7.00

Detlef 🙂 7.15

6 Schreib einen Dialog für Mustafa und Detlef. Die Dialoge in Übungen 3 und 5 helfen dir dabei.

Beispiel:
– Hallo, Mustafa. Wie war die Reise?
– O.K.
– Wann bist du abgefahren?
– …

Grammatik

Separable verbs in the perfect tense

abfahren → ab**ge**fahren
Wann bist du ab**ge**fahren?

fernsehen → fern**ge**sehen
Ich habe fern**ge**sehen.

Lern weiter ▶ 4.6, Seite 132

3 Bei einer Gastfamilie

Talking about things you have left at home
Making requests when staying with a family

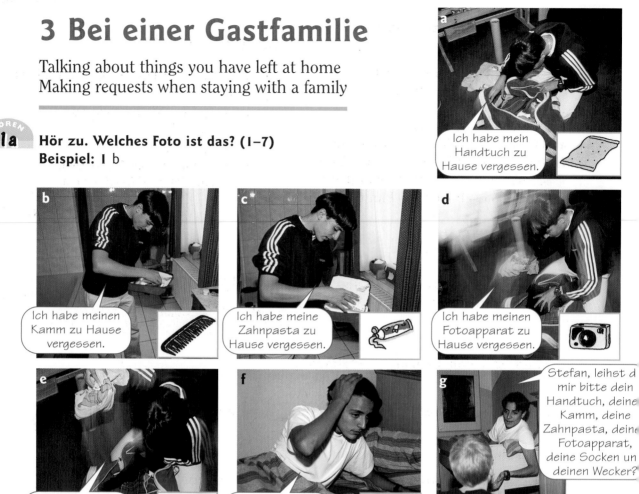

1a Hör zu. Welches Foto ist das? (1–7)
Beispiel: 1 b

Ich habe mein Handtuch zu Hause vergessen.

b Ich habe meinen Kamm zu Hause vergessen.

c Ich habe meine Zahnpasta zu Hause vergessen.

d Ich habe meinen Fotoapparat zu Hause vergessen.

e Ich habe meine Socken zu Hause vergessen.

f Ich habe meinen Wecker zu Hause vergessen.

g Stefan, leihst du mir bitte dein Handtuch, deine Kamm, deine Zahnpasta, deine Fotoapparat, deine Socken un deinen Wecker?

1b **Was hat Miguel nicht dabei?**
Beispiel: Er hat kein Handtuch, keinen Kamm, …

Grammatik

Talking about what you have not got

	m	f	n	pl
Er hat …	keinen	keine	kein	keine

Lern weiter ▶ 1.6, Seite 124

2 **Partnerarbeit.**
Beispiel:
- ● Point at the (comb).
- ▲ Ich habe (meinen Kamm) zu Hause vergessen. Leihst du mir bitte (deinen Kamm)?
- ● Ja, kein Problem.

Ich habe	meinen	Kamm/Wecker/Kuli/Fotoapparat	zu Hause vergessen.
	meine	Haarbürste/Zahnpasta	
	mein	Handtuch	
	meine	Socken	

Leihst du mir bitte deinen/deine/dein/deine …?

3a **Hör zu. Was passt zusammen? (1–8)**
Beispiel: **1** h

a Darf ich meine Eltern anrufen?
b Darf ich ein Bad nehmen?
c Darf ich fernsehen?
d Darf ich in die Stadt fahren?
e Kannst du mir bitte das Wasser geben?
f Können Sie mir bitte den Käse geben?
g Kannst du mir bitte die Milch geben?
h Können Sie mir bitte das Brot geben?

G)rammatik

Asking permission and asking for something

Darf ich …?
Können Sie …? } + *verb at the end*
Kannst du …?

Darf ich **fernsehen**?
Können Sie mir bitte das Brot **geben**?
Kannst du mir bitte die Milch **geben**?

Lern weiter ➤ 3.5, Seite 127

3b **Sieh dir Sätze e–h an. Schreib die Tabelle ab und füll sie aus.**

Miguel → Frau oder Herr Rotmann: **Können Sie** …?
Miguel → Stefan: **Kannst du** …?

→ Herr oder Frau Rotmann	→ Stefan
	e Kannst du mir bitte das Wasser geben?

4 **Partnerarbeit. Übt kurze Dialoge bei der Familie Rotmann.**
Beispiel:

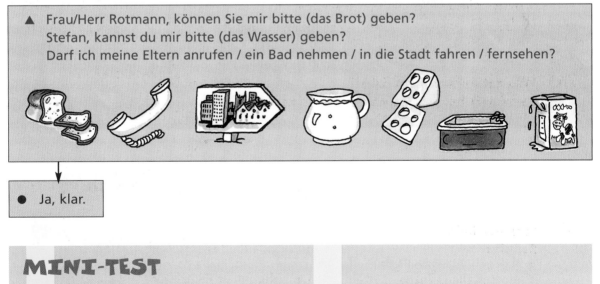

▲ Frau/Herr Rotmann, können Sie mir bitte (das Brot) geben?
Stefan, kannst du mir bitte (das Wasser) geben?
Darf ich meine Eltern anrufen / ein Bad nehmen / in die Stadt fahren / fernsehen?

● Ja, klar.

MINI-TEST

Check that you can:
● talk about your family
● say what you did on a journey
● talk about a journey

● talk about things you have left at home
● make requests when staying with a family

4 Pläne

Making suggestions
Talking about what you are going to do

1a **Hör zu und wiederhole.**

Was machen wir diese Woche?

Besichtigen wir den Dom?

Machen wir eine Bootsfahrt auf dem Rhein?

Fahren wir ins Stadtzentrum?

Fahren wir zum Phantasialand?

Spielen wir Fußball im Rheinpark?

1b **Partnerarbeit.**

Beispiel: ▲ Was machen wir heute?
● (Besichtigen wir den Dom?)
▲ (Ja, das ist eine gute Idee.)

Ja, das ist eine gute Idee! / Super! / Toll! / Klasse! / ...
Nein, das finde ich langweilig/doof/...

Phantasialand

2 **Mach Vorschläge.**

Beispiel: **1** Gehen wir einkaufen?

1 einkaufen gehen
2 Tennis spielen
3 eine Radtour machen
4 das Rathaus besichtigen
5 einen Kaffee trinken
6 mit dem Zug fahren

Grammatik

Making suggestions

Verb = number 1

1	2	3
Spielen	wir	Fußball?
Fahren	wir	ins Stadtzentrum?
Besichtigen	wir	den Dom?

Lern weiter ▶ 4.5b, Seite 131

3 **Hör zu. Was schlägt die Clique vor?**
Findet sie das positiv oder negativ?
Beispiel: Phantasialand ☺

Sa.	So.	Mo.	Di.
heute	morgen	übermorgen	am Dienstag

LESEN 4 **Lies die Pläne. An welchem Tag sprechen sie?**
Beispiel: 1 Samstag

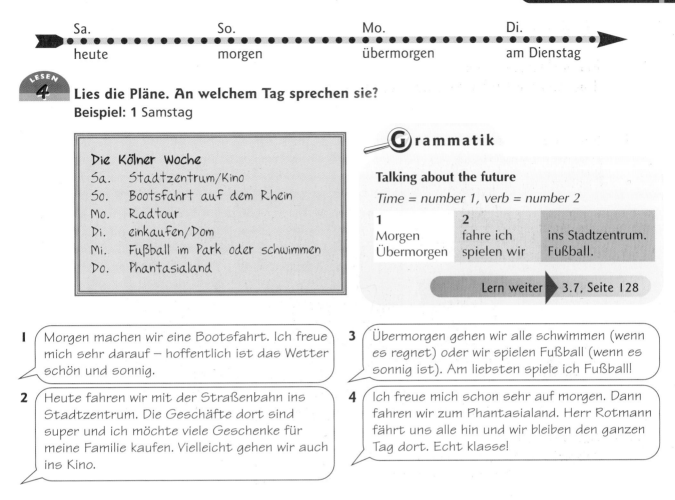

Die Kölner Woche
Sa.   Stadtzentrum/Kino
So.   Bootsfahrt auf dem Rhein
Mo.   Radtour
Di.   einkaufen/Dom
Mi.   Fußball im Park oder schwimmen
Do.   Phantasialand

Grammatik

Talking about the future

Time = number 1, verb = number 2

1	2	
Morgen	fahre ich	ins Stadtzentrum.
Übermorgen	spielen wir	Fußball.

Lern weiter ▶ 3.7, Seite 128

1 Morgen machen wir eine Bootsfahrt. Ich freue mich sehr darauf – hoffentlich ist das Wetter schön und sonnig.

2 Heute fahren wir mit der Straßenbahn ins Stadtzentrum. Die Geschäfte dort sind super und ich möchte viele Geschenke für meine Familie kaufen. Vielleicht gehen wir auch ins Kino.

3 Übermorgen gehen wir alle schwimmen (wenn es regnet) oder wir spielen Fußball (wenn es sonnig ist). Am liebsten spiele ich Fußball!

4 Ich freue mich schon sehr auf morgen. Dann fahren wir zum Phantasialand. Herr Rotmann fährt uns alle hin und wir bleiben den ganzen Tag dort. Echt klasse!

SPRECHEN 5a **Partnerarbeit. Mach Pläne für heute, morgen und übermorgen. Was macht ihr?**
Beispiel: ▲ Was machst du (heute)?
● (Heute spiele ich Fußball im Park.)
Und du? Was machst du (heute)?

heute – Fußball spielen
morgen – den Dom besichtigen
übermorgen – einkaufen gehen

SCHREIBEN 5b **Was machst du diese Woche? Und was macht dein Partner / deine Partnerin?**
Beispiel: Heute spiele ich Fußball im Park. Heute fährt Matthew ins Stadtzentrum. Morgen …

Heute	fahre/besichtige/spiele/mache	ich …
Morgen		
Übermorgen	fährt/besichtigt/spielt/macht	er/sie …

HÖREN 6 **So spricht man „r" aus!**
Hör zu und wiederhole.

Machen wir eine Radtour oder eine Bootsfahrt auf dem Rhein? Meinen Rucksack und meinen Regenschirm habe ich dabei. Aber zuerst esse ich Reis mit Wurst, und dann geht's los. Auaua! Mein Rücken tut jetzt weh!

5 Unterwegs

Asking for and giving directions

1a Hör zu und wiederhole.

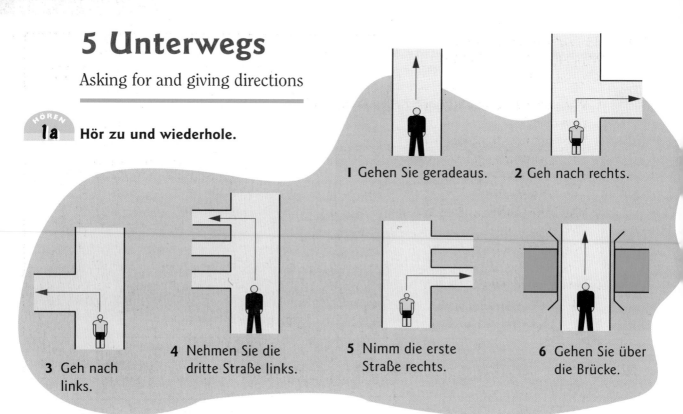

1 Gehen Sie geradeaus. **2** Geh nach rechts.

3 Geh nach links.

4 Nehmen Sie die dritte Straße links.

5 Nimm die erste Straße rechts.

6 Gehen Sie über die Brücke.

LESEN
1b Lies nochmal die Sätze 1–6 durch. Spricht man mit einem Touristen oder einem Freund?
Beispiel: **1** Tourist

HÖREN
2a Hör zu. Welches Bild ist das? (1–8)
Beispiel: **1** d

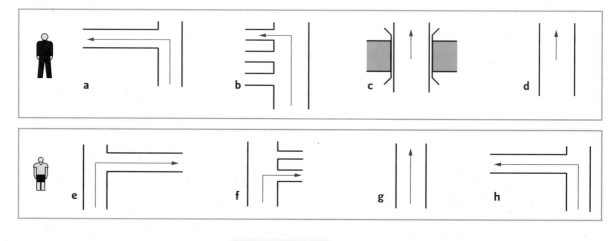

a   b   c   d

e   f   g   h

SCHREIBEN
2b Beschrifte die Bilder a–h.
Beispiel: **a** Gehen Sie nach links.

Grammatik

Giving instructions to people

du (Freund/Freundin)
Geh nach links.
Nimm die erste Straße links.

Sie (Tourist/Touristin)
Gehen Sie nach links.
Nehmen Sie die erste Straße links.

Lern weiter ▶ 3.6, Seite 128

3a Hör zu und wiederhole.
Wo gehen die Leute hin?
Beispiel: **1** d

1 Wie komme ich am besten
zum Dom?
2 Wie komme ich am besten
zur Jugendherberge?
3 Wie komme ich am besten
zum Verkehrsamt?
4 Wie komme ich am besten
zur Weststraße?
5 Wie komme ich am besten
zum Hauptbahnhof?
6 Wie komme ich am besten
zur Post?

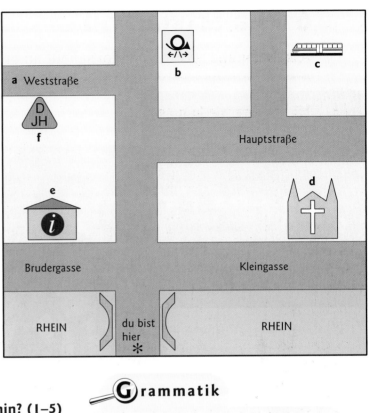

3b Hör zu. Wo gehen diese Leute hin? (1–5)
Beispiel: **1** zur Jugendherberge

Grammatik

Zu + the dative

m	der Dom	→ **zum** Dom
f	die Post	→ **zur** Post
n	das Verkehrsamt	→ **zum** Verkehrsamt

Lern weiter ▶ 5.1, Seite 133

3c Partnerarbeit.
Beispiel: ▲ Wie komme ich am besten (zum Hauptbahnhof)?
● (Geh geradeaus und über die Brücke. Nimm die zweite Straße rechts.
Das ist die Hauptstraße. Dann nimm die erste Straße links. Der Hauptbahnhof
ist auf der rechten Seite.)

Wie komme ich am besten	zum	Hauptbahnhof/Dom/Verkehrsamt?	
	zur	Jugendherberge/Post/Hauptstraße?	
Gehen Sie / Geh	geradeaus / nach links / nach rechts / über die Brücke.		
Nehmen Sie / Nimm	die erste/zweite/dritte Straße	rechts/links.	
Das ist	die Hauptstraße / die Kleingasse.		
Der/Die/Das …	ist auf der rechten/linken Seite.		

 3d Beantworte die Fragen zu Übung 3a.
Beispiel: **1** Gehen Sie geradeaus und über die Brücke. Nehmen Sie die erste Straße rechts.
Das ist die Kleingasse. Der Dom ist auf der linken Seite.

6 Phantasialand

Understanding an extended text about an outing

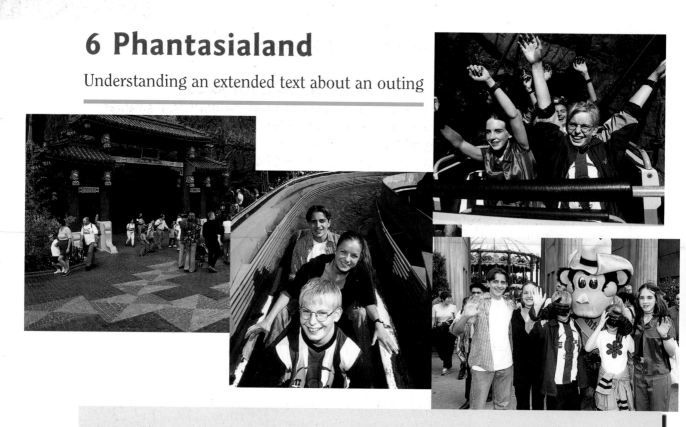

Köln, Freitag, den 21. Mai

Liebe Mutti,

wie geht's? Mir geht's prima hier in Köln! Diese Woche habe ich viel mit der Clique gemacht – am Sonntag haben wir eine Bootsfahrt auf dem Rhein gemacht und das war echt klasse. Vorgestern haben wir im Park Fußball gespielt, aber gestern war der beste Tag! Wir sind mit Herrn Rotmann zum Phantasialand gefahren! Um zehn Uhr waren wir schon dort und zuerst sind wir durch die GALAXY geflogen – das war echt spannend! Leider hatte Hanne Angst, also sind wir ins Café gegangen. Wir haben ein tolles Café in HOLLYWOOD gefunden und haben dort Hamburger und Pommes gegessen! Danach haben wir auch eine Hollywood-Tour gemacht!

Als nächstes haben wir den KODAKTURM besucht und dann sind Hanne und ich mit einem WIKINGERBOOT gefahren – das war aber nicht so gut.

Zu Mittag haben wir in CHINATOWN gegessen – Nudeln mit Hähnchen und Bohnen für mich! Um zwei Uhr sind wir mit der WILDWASSERBAHN gefahren – das war echt lustig, aber leider bin ich total nass geworden und die Clique hat sich totgelacht!

Am Ende des Tages sind wir mit der großen ACHTERBAHN gefahren. Das war total super, aber leider war Stefan krank und er hatte Bauchschmerzen, also sind wir dann nach Hause gefahren. Zum Glück geht es Stefan heute viel besser!

Hoffentlich fahre ich mal wieder zum Phantasialand!

Dein Miguel

LESEN

1a Lies den Brief und ordne die Sätze.
Beispiel: 6, …

1 Das Wasser war sehr kalt.
2 Ich habe Hamburger und Pommes gegessen.
3 Ich habe chinesisch gegessen.

4 Stefan hatte Bauchschmerzen.
5 Die Achterbahn war echt klasse.
6 Ich habe Fußball gespielt.

1b **Was sagt Miguel? Lies den Brief und wähl die richtige Antwort aus.**

Beispiel: **1** Sonntag

1 Am **Sonntag/Montag/Dienstag** haben wir eine Bootsfahrt gemacht.
2 **Vorgestern/Heute/Gestern** sind wir mit dem Auto zum Phantasialand gefahren.
3 Um **elf/zehn/dreizehn** Uhr waren wir schon im Phantasialand.
4 Wir haben den Galaxy-Flug echt **spannend/langweilig/nervig** gefunden.
5 Zu Mittag habe ich **nichts/Hamburger/Nudeln** in Chinatown gegessen.
6 Nach der Achterbahn hatte Stefan **Bauchschmerzen/Kopfschmerzen/Halsschmerzen**.

2 **Was haben diese Leute im Phantasialand gemacht? Ordne die Sätze.**

Beispiel: **1** Um elf Uhr sind wir zu Fuß ins Café gegangen.

1 Um elf Uhr gegangen zu Fuß sind wir ins Café
2 nach Hause Am Nachmittag bin ich gefahren mit dem Rad
3 mit dem Auto bin ich zum Phantasialand Um zehn Uhr gefahren
4 gegangen bin ich mit Georg Mittags ins Kino

G rammatik

Word order: Time – Manner – Place

1 = time	2 = verb	3 = subject	4 = manner	5 = place	6 = participle
Am Sonntag	sind	wir	mit dem Bus	nach Köln	gefahren.

Lern weiter ▶ 4.4, Seite 130

3a **Suche diese Wörter im Brief. Was heißt das auf Englisch?**

Beispiel: **1** aber – *but*

1 aber	**4** und	**7** also	**10** hoffentlich
2 leider	**5** dann	**8** zum Glück	**11** als nächstes
3 danach	**6** am Ende	**9** zuerst	

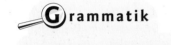

Diese Wörter helfen dir beim Schreiben. Benutze sie oft! So schreibst du bessere Texte!

3b **Verbinde die Sätze mit den Wörtern in Übung 3a.**

Beispiel: **1** Phantasialand war toll, aber leider bin ich nass geworden.

1 Phantasialand war toll.
   Ich bin nass geworden.
2 Zuerst haben wir gegessen. Wir sind
   mit der Achterbahn gefahren.
3 Ich liebe Phantasialand. Ich komme
   bald wieder dahin.
4 Ich hatte Ohrenschmerzen. Ich hatte
   Tropfen dabei.
5 Ich habe mein Portemonnaie verloren.
   Ich bin zum Fundbüro gegangen.

G rammatik

Word order: verb = number 2

1	2	3
Ich	habe	Pommes gegessen.
Und ich	habe	Pommes gegessen.
Leider	habe	ich Pommes gegessen.

Und *and* **aber** *don't change the word order!*

Lern weiter ▶ 4.3, Seite 130

4 **Hör zu und sing mit.**

7 Karneval in Köln

HÖREN

1a   **Hör zu und lies.**

1 Letztes Jahr sind Lukas und seine Stiefschwester Ella zum Kölner Karneval gefahren. Am Rosenmontag sind sie mit dem Zug nach Köln gefahren. Unterwegs haben sie viel geplaudert – Ella war noch nie in Köln und sie wollte den Karneval voll miterleben.

2
Was machen wir zuerst?

Gehen wir zum Domplatz? Dort ist sicher viel los.

Um elf Uhr sind sie am Hauptbahnhof angekommen.

3
Entschuldigen Sie, bitte. Wie kommen wir am besten zum Domplatz?

Ach, geht hier links und dann immer geradeaus. Dort ist der Domplatz.

Um halb zwölf waren sie aber noch nicht am Domplatz …

4
Schau mal, Lukas. Jemand hat sein Portemonnaie verloren.

Ach, lass das! Wir sind schon zu spät dran. Komm mit.

Auf dem Weg hat Ella etwas auf der Straße gesehen …

5
Aber Lukas. Schau mal … hier ist viel Geld drin. Gehen wir zur Polizei?

Äh, O.K., aber wo ist die Polizeiwache?

Ella hat aber das Portemonnaie schon aufgemacht …

6
Und wo habt ihr das Portemonnaie gefunden?

In der Minoriten-straße.

Können wir jetzt gehen?

Ja, aber das Portemonnaie gehört Herrn Deutsch. Es gibt eine Belohnung dafür!

Sie haben die Polizeiwache gefunden …

7
Eine Belohnung? Super. Bekommen wir sie sofort?

Nein, ich muss zuerst Herrn Deutsch anrufen. Dann kommt er selber mit der Belohnung.

Aber wie lange dauert das?

Tja, das weiß ich leider nicht.

Die Belohnung war € 50.

8
Und was ist mit dem Karneval, Lukas?

Zum Glück gibt es jedes Jahr Karneval – nächstes Jahr kommen wir mal wieder nach Köln!

Drei Stunden später …

noch nie	*never*	jemand	*somebody*	die Polizeiwache	*police station*
miterleben	*to experience*	lass das	*leave that*	eine Belohnung	*a reward*
es ist viel los	*there's lots happening*	aufgemacht	*opened*	sofort	*immediately*
		schon	*already*	Wie lange dauert das?	*How long will that take?*

LESEN 1b Verbinde und kopiere die Satzhälften.

Beispiel: 1 d – Lukas ist Ellas Stiefbruder.

1 Lukas ist	a Herrn Deutsch angerufen.
2 Lukas und Ella sind mit dem Zug	b zur Polizeiwache gegangen.
3 Unterwegs haben sie	c nicht sofort gekommen.
4 Zuerst sind sie	d Ellas Stiefbruder.
5 Dann hat Ella ein	e geplaudert.
6 Also sind sie	f Portemonnaie gefunden.
7 Der Polizist hat zuerst	g jedes Jahr Karneval.
8 Leider ist Herr Deutsch	h zum Domplatz gegangen.
9 Zum Glück gibt es	i nach Köln gefahren.

HÖREN 2a Hör zu. Was haben sie am Rosenmontag gemacht? (1–6)

Beispiel: 1 f

a   b   c

d   e   f

HÖREN 2b Hör nochmal zu. Warum ist Herr Deutsch nicht zur Polizeiwache gekommen?

1 Er war nicht in Köln.   2 Er war im Bierzelt.   3 Er war krank.

SPRECHEN 3 Gruppenarbeit. Spielt die Szene auf Seite 90 vor.

SCHREIBEN 4 Stell dir vor, letztes Jahr bist du zum Karneval nach Köln gefahren! Was hast du gemacht? Schreib mindestens fünf Sätze auf.

Beispiel: Ich bin mit dem Bus nach Köln gefahren. Ich habe viel gegessen. Leider habe ich meinen Fotoapparat verloren.

tanzen

plaudern

Musik hören

einkaufen gehen

essen

Lernzieltest   Check that you can:

1. ● ask about somebody's family

   Wie heißt Miguels Stiefvater?
   Er heißt ...

   ● describe your family

   Mein Stiefvater ist sympathisch.
   Meine Schwester ist nicht laut.

2. ● ask a friend what he/she did on a journey

   Was hast du unterwegs gemacht?

   ● say what you did on a journey

   Ich habe einen Brief geschrieben.
   Ich habe aus dem Fenster geschaut.

   ● ask a friend about a journey

   Wie war die Reise? Wann bist du
   abgefahren?

3. ● talk about things you have left at home

   Ich habe meinen Kamm zu Hause
   vergessen.

   ● ask to borrow something

   Leihst du mir bitte dein Handtuch?

   ● make requests when staying with a family

   Darf ich meine Eltern anrufen?
   Können Sie mir bitte das Brot geben?

4. ● ask about what you are going to do

   Was machen wir morgen/
   übermorgen?

   ● make suggestions for what you are going to do

   Spielen wir Fußball?

   ● ask a friend what he/she is going to do

   Was machst du heute?

   ● say what you are going to do

   Heute fahre ich zum Phantasialand.

5. ● ask how to get somewhere

   Wie komme ich am besten zum
   Hauptbahnhof?

   ● give directions to a friend

   Geh nach links. Nimm die zweite
   Straße links.

   ● give directions to a stranger

   Gehen Sie über die Brücke. Nehmen
   Sie die erste Straße rechts.

6. ● understand an extended text

Wiederholung

HÖREN

1 **Hör zu. Was passt zusammen? (1–6)**
Beispiel: 1 e

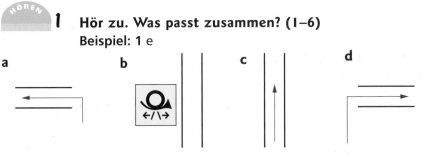

2 **Hör zu und mach Notizen. Was haben sie unterwegs gemacht? (1–4)**
Beispiel: 1 gegessen, Computerspiele gespielt, Musik gehört

SPRECHEN

3 Partnerarbeit.

Beispiel: ▲ Wie komme ich am besten (zur Jugendherberge)?
● (Geh geradeaus.)

a  b c d e

LESEN

4 Lies den Brief. An welchem Tag ist das?

Beispiel: a Freitag

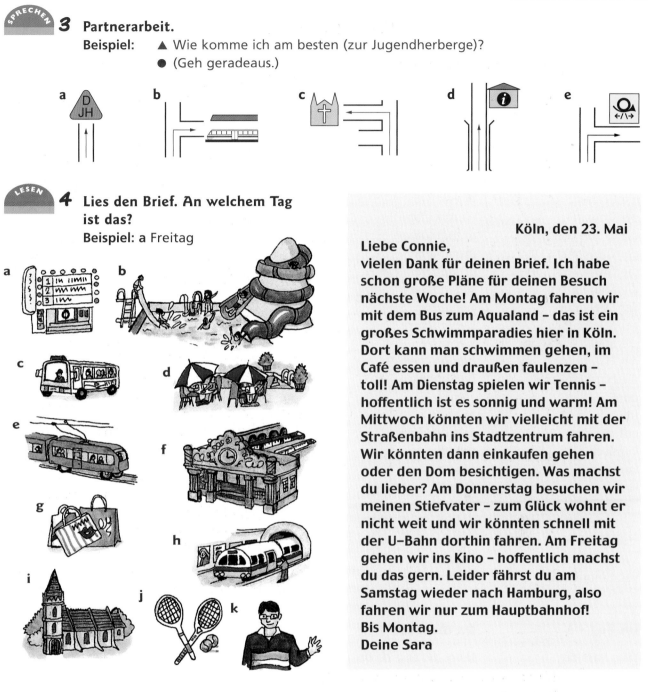

a b

c d

e f

g h

i j k

Köln, den 23. Mai

Liebe Connie,
vielen Dank für deinen Brief. Ich habe
schon große Pläne für deinen Besuch
nächste Woche! Am Montag fahren wir
mit dem Bus zum Aqualand – das ist ein
großes Schwimmparadies hier in Köln.
Dort kann man schwimmen gehen, im
Café essen und draußen faulenzen –
toll! Am Dienstag spielen wir Tennis –
hoffentlich ist es sonnig und warm! Am
Mittwoch könnten wir vielleicht mit der
Straßenbahn ins Stadtzentrum fahren.
Wir könnten dann einkaufen gehen
oder den Dom besichtigen. Was machst
du lieber? Am Donnerstag besuchen wir
meinen Stiefvater – zum Glück wohnt er
nicht weit und wir könnten schnell mit
der U–Bahn dorthin fahren. Am Freitag
gehen wir ins Kino – hoffentlich machst
du das gern. Leider fährst du am
Samstag wieder nach Hamburg, also
fahren wir nur zum Hauptbahnhof!
Bis Montag.
Deine Sara

SCHREIBEN

5 Was macht ihr diese Woche? Schreib Sätze.

Beispiel: a Heute gehen wir ins Kino.

a heute b morgen c übermorgen d am Montag e am Dienstag

Wörter

Die Familie / *The family*

die Mutter	*mother*
der Vater	*father*
die Schwester	*sister*
der Bruder	*brother*
die Tante	*aunt*
der Onkel	*uncle*
die Cousine	*cousin (girl)*
der Cousin	*cousin (boy)*
die Großmutter	*grandmother*
der Großvater	*grandfather*
die Großeltern (pl)	*grandparents (pl)*
die Stiefmutter	*stepmother*
der Stiefvater	*stepfather*
der Stiefbruder	*stepbrother*
die Stiefschwester	*stepsister*
der Halbbruder	*half-brother*
die Halbschwester	*half-sister*
doof	*stupid*
freundlich	*friendly*
gut gelaunt	*in a good mood*
launisch	*moody*
laut	*loud*
lustig	*funny*
nervig	*annoying*
nett	*nice*
streng	*strict*
sympathisch	*likeable*
verständnisvoll	*understanding*

Im Zug / *On the train*

Was hast du unterwegs gemacht?	*What did you do on the journey?*
Ich habe …	*I …*
ein Buch gelesen.	*read a book.*
gegessen.	*ate.*
getrunken.	*drank.*
Musik gehört.	*listened to music.*
geschlafen.	*slept.*
aus dem Fenster geschaut.	*looked out of the window.*
mit Freunden geplaudert.	*chatted with friends.*

Computerspiele gespielt.	*played computer games.*
Rätsel gemacht.	*did puzzles.*
nichts gemacht.	*did nothing.*
einen Brief geschrieben.	*wrote a letter.*
Wie war die Reise?	*How was the journey?*
Wann bist du abgefahren?	*When did you leave?*
Willkommen in Köln!	*Welcome to Cologne!*

Bei einer Gastfamilie / *At a host family's house*

Ich habe … zu Hause vergessen.	*I left … at home.*
meinen Fotoapparat	*my camera*
meinen Kamm	*my comb*
meinen Kuli	*my pen*
meinen Wecker	*my alarm clock*
meine Haarbürste	*my hairbrush*
meine Zahnpasta	*my toothpaste*
mein Handtuch	*my towel*
meine Socken	*my socks*
Leihst du mir bitte deinen/deine/dein …?	*Can you lend me your …, please?*
Können Sie mir bitte … geben?	*Can you pass me …, please? (polite)*
Kannst du mir bitte … geben?	*Can you pass me …, please? (informal)*
den Käse	*the cheese*
die Milch	*the milk*
das Wasser	*the water*
Ja, klar.	*Yes, of course.*
Darf ich …	*May I …*
meine Eltern anrufen?	*ring my parents?*
ein Bad nehmen?	*have a bath?*
in die Stadt fahren?	*go into town?*
fernsehen?	*watch television?*

Pläne

Was machen wir …
  heute?
  morgen?
  übermorgen?

Machen wir …
  eine Bootsfahrt auf
    dem Rhein?
  eine Radtour?
Vielleicht könnten
  wir …
  den Dom besichtigen?
  einkaufen gehen?
Fahren wir …
  zum Phantasialand?
  ins Stadtzentrum?
  ins Schwimmbad?
  mit dem Zug?
Spielen wir Fußball
  im Park?
Spielen wir Tennis?
Trinken wir einen Kaffee?

Plans

What shall we do …
  today?
  tomorrow?
  the day after
    tomorrow?
Shall we …
  go for a boat trip
    on the Rhein?
  go for a bike ride?
Perhaps we could …

  visit the cathedral?
  go shopping?
Shall we go …
  to Phantasialand?
  into town?
  to the pool?
  by train?
Shall we play football
  in the park?
Shall we play tennis?
Shall we have a coffee?

Richtungen

Wie komme ich
  am besten …
  zum Dom?
  zum Hauptbahnhof?
  zum Verkehrsamt?

  zur Hauptstraße?
  zur Jugendherberge?
  zur Post?

Directions

What's the best way
  to get to …
  the cathedral?
  the main station?
  the tourist
    information office?
  the High Street?
  the youth hostel?
  the post office?

Gehen Sie / Geh …
  geradeaus.
  nach links.
  nach rechts.
  über die Brücke.
Nehmen Sie / Nimm …
  die erste Straße links.

  die zweite Straße
    rechts.
auf der rechten Seite
auf der linken Seite

Go …
  straight on.
  left.
  right.
  over the bridge.
Take …
  the first road on the
    left.
  the second road on
    the right.
on the right-hand side
on the left-hand side

Kleine Wörter

aber
als nächstes
also
am Ende
danach
dann
hoffentlich
leider
und
zuerst
zum Glück

Small words

but
next
so
at the end
afterwards
then
hopefully
unfortunately
and
first of all
luckily

6 Unter Freunden

1 Einladungen

Inviting a friend out
Responding to an invitation and giving a reason for not going out

HÖREN
1a **Hör zu und wiederhole.**

Hanne

Sag mal, möchtest du zu meiner Geburtstagsparty kommen?

Tobias

Möchtest du ins Kino gehen?

Julia

Möchtest du eine Radtour machen?

Lan

Möchtest du zu mir kommen?

Ralf

Möchtest du Basketball spielen?

Paul

Möchtest du schwimmen gehen?

LESEN
1b **Wer ist das?**
Beispiel: 1 Lan

1 Wer bleibt zu Hause?
2 Wer möchte ins Schwimmbad gehen?
3 Wer hat Geburtstag?
4 Wer möchte einen Film sehen?
5 Wer fährt gern Rad?
6 Wer ist Sportfan?

Grammatik

Inviting somebody out

Möchtest du …? + *infinitive at the end*
Möchtest du ins Kino **gehen**?
Möchtest du zu mir **kommen**?

Lern weiter ▶ 3.5, Seite 127

SPRECHEN
2 **Partnerarbeit.**

Beispiel: ▲ Möchtest du (ins Kino gehen)?
● (Ja. Das finde ich super.) Möchtest du (zu mir kommen)?
▲ (Nein, das finde ich langweilig.)

Ja, das finde ich gut / toll / interessant / lustig / echt klasse / super.

Nein, das finde ich nicht gut / langweilig / doof / schrecklich.

3a Hör zu. Welches Bild ist das?

Beispiel: **1** b

3b Schreibt die Dialoge auf und lest sie vor.

Beispiel: **a** – Möchtest du ins Kino gehen?
Nein, ich habe kein Geld.

> Ich muss meine Großmutter besuchen.
> Ich habe kein Geld.
> Ich muss Hausaufgaben machen.
> Ich habe Kopfschmerzen.
> Ich habe nichts anzuziehen.
> Ich gehe schon aus.

Grammatik

Talking about what you have to do

Ich muss + *infinitive at the end*
Ich **muss** meine Großmutter **besuchen**.

Lern weiter ▶ 3.5, Seite 127

4 Lies die E-Mail und ordne die Bilder.

Beispiel: c, …

Hallo Hanne,
vielen Dank für die Einladung. Leider kann ich nicht zur Party kommen. Am Samstagnachmittag muss ich meinen Vater und meine Stiefmutter in Bonn besuchen. Dann muss ich Hausaufgaben machen – meine Mutter ist sehr streng! Auch habe ich nichts anzuziehen und ich kann kein Geschenk für dich kaufen – ich habe kein Geld!

Bis bald, und herzlichen Glückwunsch zum Geburtstag!

Olivia

5 Hör zu. Wer kommt zu Hannes Party? Wer kommt nicht? Warum? (1–6)

Beispiel: Yilmaz ✗ (Großmutter besuchen)

Yilmaz	Bodo
Lena	Stefan
Miriam	Miguel
Jasmin	

2 Outfits für alle

Talking about what you like wearing

Preiswerte Kleidung für jede Gelegenheit

Für die Disko
Ursula

PREISWERT ... der Rock, € 15
die Bluse (glitzernd), € 15
die Lackschuhe, € 40

Für das Fußballspiel
Boris

PREISWERT ... die Mütze und der Schal
(gestreift), € 25
das Trikot, € 50
die Jeans, € 35
die Sportschuhe, € 40

Für den Karneval
Gerhard

PREISWERT ... die Krawatte
(gepunktet), € 6
die Hose, € 12.50
das Hemd (kariert), € 12.50
die Kappe, € 7.50
die Stiefel, € 55

glitzernd   gestreift   gepunktet   kariert

LESEN
1a **Sieh dir die Bilder an. Wer spricht?**
Beispiel: **1** Boris

1 Ich trage ein blaues Trikot.
2 Ich trage schwarze Lackschuhe.
3 Ich trage einen gepunkteten Schal.
4 Ich trage einen gestreiften Schal.

5 Ich trage große Stiefel.
6 Ich trage eine kleine Kappe.
7 Ich trage eine glitzernde Bluse.
8 Ich trage ein kariertes Hemd.

SPRECHEN
1b **Partnerarbeit.**
Beispiel: ▲ Wer trägt (eine Jeans)?
● (Boris.)
▲ (Richtig.)
● Wer trägt (eine Mütze)?

Grammatik

Talking about what you are wearing

Ich trage + *accusative*

	m	*f*	*n*
Ich **trage**	**einen** Rock	**eine** Hose	**ein** Hemd

Lern weiter ▶ 1.4b, Seite 123

2 **Ergänze die Sätze.**

Beispiel: **1** Ich trage eine gestreifte Jeans.

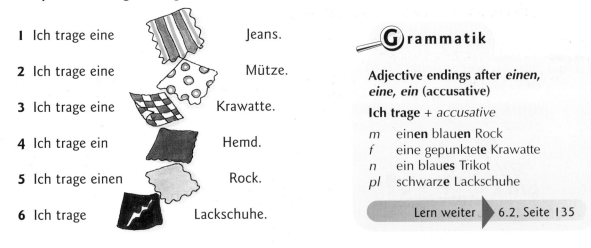

1 Ich trage eine _____ Jeans.

2 Ich trage eine _____ Mütze.

3 Ich trage eine _____ Krawatte.

4 Ich trage ein _____ Hemd.

5 Ich trage einen _____ Rock.

6 Ich trage _____ Lackschuhe.

(G)rammatik

Adjective endings after _einen_, _eine_, _ein_ (accusative)

Ich trage + _accusative_

m	ein**en** blau**en** Rock
f	eine gepunktet**e** Krawatte
n	ein blau**es** Trikot
pl	schwarz**e** Lackschuhe

Lern weiter ▶ 6.2, Seite 135

3 **Hör zu. Was tragen Miriam, Stefan, Lena und Miguel auf der Party?**
Mach Notizen. Dann schreib Sätze.

Beispiel: Miriam: blaue Bluse, … → Miriam trägt eine blaue Bluse, …

4a **Was trägst du am liebsten zum Fußballspiel,**
zur Karnevalsparty und zur Disko?

Beispiel: Zum Fußballspiel trage ich am liebsten
eine gestreifte Mütze, ein blaues Trikot,
eine blaue Jeans und schwarze Stiefel.

Benutze Adjektive! „Ich trage
ein Trikot" ist gut, **aber** „Ich
trage ein **gestreiftes** Trikot"
ist besser!

4b **Partnerarbeit. Vergleicht eure Sätze.**

Beispiel: ▲ Was trägst du am liebsten (zum Fußballspiel)?
● Ich trage am liebsten (eine gestreifte Mütze, ein blaues Trikot, eine
blaue Jeans und schwarze Stiefel). Was trägst du am liebsten (zum Fußballspiel)?

Was trägst du am liebsten zum Fußballspiel / zur Karnevalsparty / zur Disko?			
Ich trage am liebsten	einen	karierten/gestreiften/gepunkteten/ glitzernden/roten/…	Rock/Schal.
	eine	karierte/gestreifte/gepunkte/glitzernde/…	Bluse/Mütze/Jeans/ Krawatte/Hose/ Kappe.
	ein	kariertes/gestreiftes/weißes/grünes/…	Trikot/Hemd.
		karierte/gestreifte/gelbe/blaue/…	Lackschuhe/ Sportschuhe/Stiefel.

3 Wie war dein Geburtstag?

Talking about your last birthday

1a **Hör zu. Wer spricht? (1–6)**
Beispiel: **1** b

Wie hast du deinen Geburtstag gefeiert?

1b **Wie haben sie ihren Geburtstag gefeiert? Bilde Sätze.**
Beispiel: **a** Ich habe Fußball gespielt.

Ich	habe bin	Fußball zum Phantasialand im Restaurant ins Kino schwimmen eine Radtour	gespielt. gegessen. gegangen. gefahren. gemacht.

2a **Lies Hannes Brief.**

Köln, den 30. Mai

Liebe Tante Renate,

vielen Dank für die Socken – gestreifte Socken finde ich immer super! Zum Geburtstag habe ich viele Geschenke bekommen – Kleidung, viele Bücher und gute CDs und viel Schokolade. Miguel hat mir ein tolles Computerspiel geschenkt! Am Geburtstagsvormittag bin ich mit der Clique in die Stadt gefahren. Wir haben Geburtstagtorte im Café am Dom gegessen. Das war lecker. Danach sind wir zum Partyladen gegangen und haben Luftballons und Spiele für die Party gekauft.

Am Nachmittag haben wir die Wohnung aufgeräumt. Stefan und Miguel haben die Luftballons aufgeblasen – das war sehr anstrengend! Ich habe Mutti in der Küche geholfen, und Miriam und Lena haben CDs für die Party ausgewählt.

Um sieben Uhr war alles fertig und wir haben auf die Gäste gewartet!

Um halb neun war die Party in vollem Schwung – es war echt klasse und bis spät in die Nacht haben wir getanzt, geplaudert, gegessen und Musik gehört. Am folgenden Tag hatte ich Kopfschmerzen!

Es war ein toller Geburtstag! Nochmal vielen Dank für die Socken – ich habe sie heute zum ersten Mal getragen!

Deine Hanne

geschenkt	*gave*

2b **Richtig oder falsch?**

Beispiel: **1** Falsch

1 Tante Renate hat gepunktete Socken für Hanne gekauft.
2 Hanne hat gute CDs bekommen.
3 Miguel hat Hanne ein langweiliges Computerspiel geschenkt.
4 Hanne hat im Café Geburtstagstorte gegessen.

5 Am Nachmittag hat Hanne in der Küche gearbeitet.
6 Um sechs Uhr war alles fertig.
7 Die jungen Leute haben gut gefeiert.
8 Am folgenden Tag hatte Hanne Halsschmerzen.

3 **Partnerarbeit.**

Beispiel: ▲ Wie hast du deinen Geburtstag gefeiert?
● Am Vormittag (bin ich zur Schule gegangen). Am Nachmittag (habe ich Hausaufgaben gemacht) und am Abend (habe ich im Restaurant gegessen).

			ferngesehen.
		Hausaufgaben / eine Radtour /	gemacht.
		im Restaurant	gegessen.
Am Vormittag	habe	Fußball / am Computer / mit Märki	gespielt.
Am Nachmittag	ich	meine Stiefmutter	besucht.
Am Abend		ein Fußballspiel	gesehen.
		Musik	gehört.
	bin	einkaufen / ins Kino / zur Schule	gegangen.
		ins Stadtzentrum	gefahren.
	hatte	eine Party.	

4 **Ergänze diesen Dankesbrief.**

Beispiel: Köln, den 12. August

Köln,

Lieber Onkel Dirk,
vielen Dank für die 🎀🎀🎀 . ∴∴∴ Krawatten finde ich
immer lustig. Zum Geburtstag habe ich viele 🎁🎁🎁 bekommen –
📼 🚲 ! Am Vormittag bin ich 🏊 . Am Nachmittag habe
ich ⚽ und am 🌙 hatte ich eine Party. Es war ein toller Geburtstag!
Dein Kai

AUG	
Sun	9
Mon	10
Tue	11
Wed	⑫
Thu	13
Fri	14
Sat	15

MINI-TEST

Check that you can:
- invite a friend out
- give a reason for not going out
- talk about what you like wearing
- talk about your last birthday

4 Gefallen dir Talkshows?

Talking about television programmes you like/dislike

1a **Hör zu und wiederhole. Welches Bild ist das? (1–12)**
Beispiel: 1 j

a 11.00 der Wetterbericht(-e)

b 20.00 der Film(-e)

c 14.10 der Dokumentarfilm(-e)

d 12.00 die Nachrichten (*pl*)

e 20.40 die Sportschau(-en)

f 22.00 die Musiksendung(-en)

g 16.15 das Kinderprogramm(-e)

h 19.15 die Komödie(-n)

i 18.00 die Familienserie(-n)

j 19.00 die Krimiserie(-n)

k 17.00 der Zeichentrickfilm(-e)

l 15.15 die Talkshow(-s)

1b **Partnerarbeit.**

Beispiel: ▲ Was kommt um (neunzehn Uhr)?

● (Die Krimiserie.)

▲ (Richtig!)

● Was kommt um (zwanzig Uhr vierzig)?

2 **Lies den Dialog. Was ist die Antwort?**

Beispiel: 1 Ja, sie gefallen mir gut.

1 Gefallen dir Sportschauen, Simon?

2 Gefallen dir Krimiserien, Jürgen?

3 Gefallen dir Krimiserien, Kristina?

4 Gefallen dir Filme, Laura?

Ja, sie gefallen mir gut.
Nein, sie gefallen mir nicht.

Laura:	Also, was machen wir heute Abend?
Simon:	Wir sehen fern! Um zwanzig Uhr kommt die Sportschau! Die muss ich sehen!
Jürgen:	Ach, nein, Simon. Die Krimiserie kommt um zwanzig Uhr dreißig. Die muss ich sehen.
Kristina:	Nein, Krimiserien gefallen mir nicht. Sie sind so langweilig!
Philipp:	Um einundzwanzig Uhr gibt's einen tollen Film.
Laura:	O, ja, super! Filme gefallen mir immer gut.
Kristina:	Aber ich habe den Film schon gesehen.
Simon:	O.K., O.K. Ich hab's! Heute Abend sehen wir nicht fern! Wir gehen in den Jugendclub!

rammatik

Talking about things you like

Plural	**Gefallen dir** Talkshows?	*Do you like talkshows?*
	Ja, sie **gefallen mir** gut.	*Yes, I like them*
	Nein, sie **gefallen mir** nicht.	*No, I don't like them.*
Singular	**Gefällt dir** Top of the Pops**?**	*Do you like Top of the Pops?*
	Ja, das **gefällt mir** gut.	*Yes, I like it.*
	Nein, das **gefällt mir** nicht.	*No, I don't like it..*

Lern weiter ▶ 3.10, Seite 129

3 **Partnerarbeit.**

Beispiel: ▲ Gefallen dir (Talkshows)?

● (Ja, sie gefallen mir gut.) Gefallen dir (Krimiserien)?

▲ (Nein, sie gefallen mir nicht.)

4 **Beantworte die Fragen.**

Beispiel: 1 *Neighbours* gefällt mir gut – das ist sehr lustig.

Emmerdale gefällt mir nicht – das ist doof.

1 Welche Familienserie gefällt dir? Welche Familienserie gefällt dir nicht?

2 Welches Kinderprogramm gefällt dir? Welches Kinderprogramm gefällt dir nicht?

3 Welche Komödie gefällt dir? Welche Komödie gefällt dir nicht?

4 Welcher Zeichentrickfilm gefällt dir? Welcher Zeichentrickfilm gefällt dir nicht?

5 Tschüs!

Talking about what you want to do

HÖREN

1a Hör zu und lies.

1

Tschüs!

Gute Reise!

Auf Wiedersehen!

Schreib bald!

Bis bald!

2

Ach, jetzt ist Miguel wieder weg!

Ja, aber wir sehen ihn sicher bald wieder. Willst du jetzt ins Café gehen?

3

Nein, ich will nur nach Hause fahren.

Ach, komm, Hanne! Gehen wir zum Café am Dom?

Gute Idee! Das machen wir. Kommt!

1b Beantworte die Fragen.
Beispiel: 1 nach Berlin

1 Wohin fährt Miguel?	4 Wohin will Stefan gehen?
2 Wie fährt er dahin?	5 Wer will nach Hause fahren?
3 Wo ist die Clique?	6 Wo ist das Café?

nach Berlin	Hanne
mit dem Zug	ins Café
am Hauptbahnhof	am Dom

2a Was passt zusammen?
Beispiel: 1 f

1 Ich will Fußball spielen.
2 Ich will fernsehen.
3 Ich will nach Spanien fahren.
4 Ich will meine Freunde/Freundinnen treffen.
5 Ich will ins Kino gehen.
6 Ich will auf einem Campingplatz übernachten.

a **b** **c**

d **e** **f**

Grammatik

Talking about what you want to do

Ich will + *infinitive at the end*

Was willst du machen?
Ich **will** Tennis **spielen**.
Er **will** ins Kino **gehen**.

Lern weiter ▶ 3.5, Seite 127

2b Hör zu. Welches Bild ist das? (1–6)
Beispiel: 1 c

3 **Was wollen sie in den Sommerferien machen? Schreib Sätze.**

Beispiel: Hanne: Ich will Miguel besuchen. Ich will auch ein neues Fahrrad kaufen.

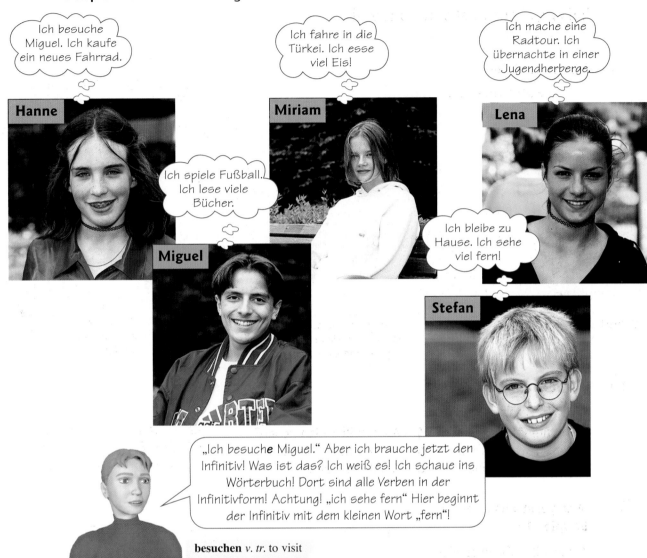

Ich besuche Miguel. Ich kaufe ein neues Fahrrad.

Hanne

Ich fahre in die Türkei. Ich esse viel Eis!

Miriam

Ich mache eine Radtour. Ich übernachte in einer Jugendherberge.

Lena

Ich spiele Fußball. Ich lese viele Bücher.

Miguel

Ich bleibe zu Hause. Ich sehe viel fern!

Stefan

„Ich besuch**e** Miguel." Aber ich brauche jetzt den Infinitiv! Was ist das? Ich weiß es! Ich schaue ins Wörterbuch! Dort sind alle Verben in der Infinitivform! Achtung! „ich sehe fern" Hier beginnt der Infinitiv mit dem kleinen Wort „fern"!

besuchen *v. tr.* to visit

fernsehen *v. i. sep. irr.* to watch TV

4a **Was willst du in den Sommerferien machen? Mach eine Wunschliste!**

Beispiel: Ich will (nach Amerika fliegen). Ich will (schwimmen gehen).
Ich will (im Restaurant essen).

4b **Partnerarbeit. Vergleicht eure Listen aus Übung 4a.**

Beispiel:
● Was willst du in den Sommerferien machen?
▲ Ich will (nach Amerika fliegen). Und du, willst du auch (nach Amerika fliegen)?
● (Nein, das will ich nicht.) Ich will (Fußball spielen).
Willst du (schwimmen gehen)?
▲ (Ja, ich will schwimmen gehen.) Willst du (im Restaurant essen)?
● Nein, das will ich nicht.

5 **Hör zu und sing mit!**

Lernzieltest Check that you can:

1 ●	invite a friend out	*Möchtest du zu meiner Party kommen?*
●	respond to an invitation	*Ja, das finde ich interessant. Nein, das finde ich langweilig.*
●	give a reason for not going out	*Ich habe kein Geld. Ich muss Hausaufgaben machen.*
2 ●	ask who's wearing something	*Wer trägt eine Jeans?*
●	ask a friend what he/she likes wearing	*Was trägst du am liebsten zum Fußballspiel?*
●	say what you like wearing	*Ich trage am liebsten einen grünen Schal und eine karierte Hose.*
3 ●	ask a friend how he/she celebrated his/her birthday	*Wie hast du deinen Geburtstag gefeiert?*
●	say how you celebrated your birthday	*Am Vormittag bin ich einkaufen gegangen. Am Abend hatte ich eine Party.*
4 ●	name some types of television programmes	*Filme, Krimiserien, Musiksendungen, Talkshows, …*
●	ask when programmes are on	*Was kommt um sieben Uhr?*
●	ask a friend which television programmes he/she likes	*Gefallen dir Familienserien? Gefällt dir Neighbours?*
●	say what you like/dislike	*Ja, sie gefallen mir gut. Nein, das gefällt mir nicht.*
5 ●	ask a friend what he/she wants to do	*Was willst du machen? Willst du fernsehen?*
●	say what you want / don't want to do	*Ich will nach Spanien fahren. Das will ich nicht machen.*

Wiederholung

1 **Hör zu. Welches Kleidungsstück ist das? (1–8)**
Beispiel: 1 d

a

b

c

d

e

f

g

h

2 Partnerabeit.

Beispiel: ▲ Möchtest du (zu mir kommen)?
● Wann?
▲ Am (Samstagnachmittag).
● Ach, nein. Es tut mir Leid. Ich (muss meine Großmutter besuchen).
▲ Schade.

d Fr. 10.00

a Sa. 15.00

b Do. 16.00

c Mo. 20.00

3 Lies die E-Mail und beantworte die Fragen.

Beispiel: **1** Er ist mit dem Zug nach Berlin gefahren.

1 Wie ist Miguel nach Berlin gefahren?
2 Was hat Hanne im Café gegessen?
3 Was hat Miriam gekauft?
4 Wie sind sie zu Stefans Wohnung gefahren?

5 Was haben sie bei Stefan gemacht?
6 Wie war die Talkshow?
7 Was hat Hanne am Abend gemacht?
8 Wann ist sie ins Bett gegangen?

Hallo Miguel,

gestern bist du mit dem Zug wieder nach Berlin gefahren – das war schrecklich! Wir sind zum Café am Dom gegangen, aber ich habe nichts gegessen – ich war nicht hungrig. Danach sind wir einkaufen gegangen, und Miriam hat eine glitzernde Bluse gekauft. Dann sind wir mit der Straßenbahn zu Stefans Wohnung gefahren. Dort haben wir gefaulenzt und ein bisschen ferngesehen, aber die Talkshow war total doof, also bin ich nach Hause gegangen. Am Abend habe ich ein Buch gelesen und Musik gehört, aber das war langweilig, also bin ich um neun Uhr ins Bett gegangen! Heute ist es sonnig und warm, und ich muss mit dem Hund im Park spazieren gehen. Das gefällt mir immer sehr gut!
Schreib bald!
Deine Hanne : (

4 Was hast du gestern gemacht? Schreib Sätze.

Beispiel: **a** Ich bin ins Kino gegangen.

a ins Kino gehen
b fernsehen
c eine Radtour machen
d Fußball spielen

e einkaufen gehen
f zum Phantasialand fahren

Wörter

Einladungen — *Invitations*

Möchtest du … — *Would you like to …*
zu meiner Geburtstagsparty kommen? — *come to my birthday party?*
ins Kino gehen? — *go to the cinema?*
eine Radtour machen? — *go for a bike ride?*
zu mir kommen? — *come to my place?*
Basketball spielen? — *play basketball.*
schwimmen gehen? — *go swimming?*
Ich muss … — *I've got to …*
meine Großmutter besuchen. — *visit my grandmother.*
Hausaufgaben machen. — *do my homework.*
Ich habe kein Geld. — *I haven't got any money.*
Ich habe Kopfschmerzen. — *I've got a headache.*
Ich habe nichts anzuziehen. — *I haven't got anything to wear.*
Ich gehe schon aus. — *I'm already going out.*

Kleidung — *Clothes*

Was trägst du gern zum/zur … — *What do you like wearing for …*
ein Fußballspiel? — *a football match?*
eine Karnevalsparty? — *a carnival party?*
eine Disko? — *a disco?*
Ich trage gern … — *I like wearing …*
Ich trage am liebsten … — *I like wearing best of all …*
einen Rock. — *a skirt.*
einen Schal. — *a scarf.*
eine Bluse. — *a blouse.*
eine Hose. — *a pair of trousers.*
eine Jeans. — *a pair of jeans.*
eine Kappe. — *a baseball cap.*
eine Krawatte. — *a tie.*
eine Mütze. — *a hat.*
ein Hemd. — *a shirt.*
ein Trikot. — *a jersey/top.*
Lackschuhe. — *patent shoes.*
Sportschuhe. — *trainers.*
Stiefel. — *boots.*
einen karierten Schal. — *a checked scarf.*
eine gestreifte Hose. — *a striped pair of trousers.*
ein gepunktetes Hemd. — *a dotted shirt.*
glitzernde Stiefel. — *glittery boots.*

Der Geburtstag — *Birthday*

Wie hast du deinen Geburtstag gefeiert? — *How did you celebrate your birthday?*
am Vormittag — *in the morning*
am Nachmittag — *in the afternoon*
am Abend — *in the evening*
Am … habe ich … — *In … I …*
ferngesehen. — *watched television.*
Hausaufgaben gemacht. — *did homework.*
eine Radtour gemacht. — *went for a bike ride.*
nichts Besonderes gemacht. — *didn't do anything in particular.*
im Café gegessen. — *ate at the café.*
Fußball/Tennis gespielt. — *played football/tennis.*
Ich hatte eine Party. — *I had a party.*
Am … bin ich … — *In … I …*
einkaufen gegangen. — *went shopping.*
schwimmen gegangen. — *went swimming.*
ins Kino gegangen. — *went to the cinema.*
zur Schule gegangen. — *went to school.*
zum Phantasialand gefahren. — *went to Phantasialand.*
ins Stadtzentrum gefahren. — *went into town.*

Fernsehen — *Television*

Was kommt um sieben Uhr? — *What's on at seven o'clock?*
der Dokumentarfilm(-e) — *documentary*
der Film(-e) — *film*
der Wetterbericht(-e) — *weather forecast*
der Zeichentrickfilm(-e) — *cartoon*
die Familienserie(-n) — *soap opera*

das Kinderprogramm(-e)	*children's programme*
die Komödie(-n)	*comedy*
die Krimiserie(-n)	*detective programme*
die Musiksendung(-en)	*music programme*
die Sportschau(-en)	*sports programme*
die Talkshow(-s)	*chat show*
die Nachrichten	*news*
Gefallen dir (Krimiserien)?	*Do you like (detective programmes)?*
Ja, sie gefallen mir gut.	*Yes, I like them.*
Nein, sie gefallen mir nicht.	*No, I don't like them.*
Gefällt dir (Neighbours)?	*Do you like (Neighbours)?*
Ja, das gefällt mir gut.	*Yes, I like that.*
Nein, das gefällt mir nicht.	*No, I don't like that.*

Wünsche — *Wishes*

Was willst du machen?	*What do you want to do?*
Ich will …	*I want to …*
Fußball spielen.	*play football.*
fernsehen.	*watch television.*
nach Spanien fahren.	*go to Spain.*
meine Freunde/ Freundinnen treffen.	*meet my friends.*
ins Kino gehen.	*go the cinema.*
auf einem Campingplatz übernachten.	*stay at a campsite.*
Willst du …	*Do you want to …?*
Nein, das will ich nicht!	*No, I don't want to do that!*

LESEN

1a **Verbinde die Satzhälften.**

Beispiel: 1 g

1 Ich fahre	**a** schwimmen.
2 Ich bin	**b** vierzehn Jahre alt.
3 Ich wohne	**c** Musik.
4 Ich gehe gern ins	**d** Kino.
5 Ich spiele gern	**e** Fußball.
6 Ich höre gern	**f** in Köln.
7 Ich gehe gern	**g** gern Rad.

SCHREIBEN

1b **Beschrifte die Bilder mit den Sätzen aus Übung 1a.**

Beispiel: a Ich höre gern Musik.

LESEN

2a **Finde die Partizipien.**

Beispiel: 1 lesen – gelesen

1 lesen   **2** machen   **3** fernsehen   **4** hören   **5** spielen   **6** anrufen   **7** haben   **8** sehen

gemachtferngesehengehörtangerufengelesengesehengehabtgespielt

SCHREIBEN

2b **Ergänze die Sätze mit einem Partizip aus Übung 2a.**

Beispiel: 1 Ich habe ferngesehen.

1 Ich habe …	**5** Ich habe Fußball …
2 Ich habe Hausaufgaben …	**6** Ich habe einen Film …
3 Ich habe Lisa …	**7** Ich habe Musik …
4 Ich habe eine Tanzstunde …	**8** Ich habe ein Buch …

LESEN

3 **Sieh dir die Bilder an und lies die Texte. Wer ist das?**

Beispiel: a Nils

Detlef ist ins Kino gegangen.

Nils hat eine Tanzstunde gehabt.

Petra hat ein Buch gelesen.

Jens hat ferngesehen.

Eva hat Musik gehört.

Karin ist einkaufen gegangen.

SCHREIBEN 1

Schreib die Sätze richtig auf.

Beispiel: **1** Ich bin achtzehn Jahre alt.

1 Ich **bin/bist/sein** achtzehn Jahre alt.
2 Wir **wohne/wohnst/wohnen** in Köln.
3 Ich **hört/hören/höre** gern Musik.
4 Ich **fahren/fährt/fahre** gern Rad.

5 Wir **spielen/spiele/spielt** gern Handball.
6 Wir **sind/bist/sein** fünfzehn Jahre alt.
7 Hanne **ist/bin/sein** in Köln.
8 Miguel **wohnen/wohne/wohnt** in Berlin.

LESEN 2a

Was sind die Partizipien?

Beispiel: **1** lesen – gelesen

1 lesen	**2** machen	**3** fernsehen	**4** hören
S E G E E L N	E M T H A G C	F H E G E E E S R N N	R G E T H Ö

5 spielen	**6** anrufen	**7** haben	**8** sehen
T G L E I E S P	N A U N F G E E R	A G T E B H	N H E G S E E

SCHREIBEN 2b

Was hast du gestern Nachmittag gemacht? Schreib Sätze.

Beispiel: **a** Ich habe ein Buch gelesen.

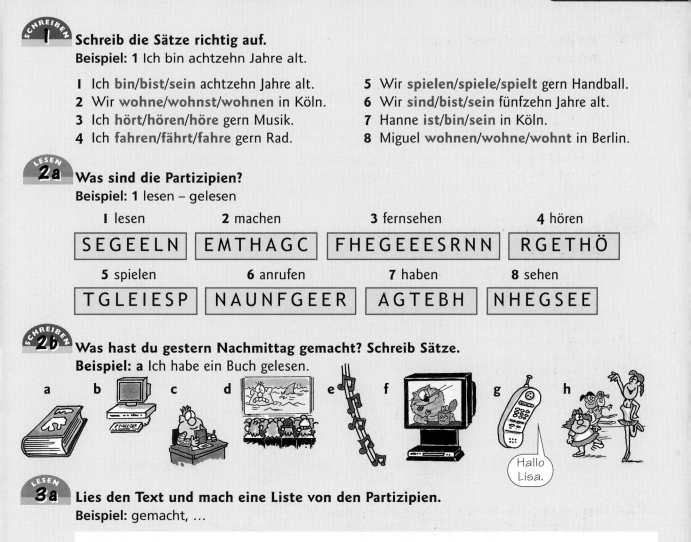

Hallo
Lisa.

LESEN 3a

Lies den Text und mach eine Liste von den Partizipien.

Beispiel: gemacht, ...

Hallo Freunde!
Gestern habe ich viel gemacht! Ich bin schwimmen gegangen und ich war dreißig
Minuten im Schwimmbad. Das habe ich anstrengend gefunden. Dann habe ich Hunger
gehabt, also habe ich drei Hamburger mit Pommes gegessen. Am Nachmittag habe ich
Hausaufgaben gemacht (langweilig!) und dann bin ich mit Christian ins Kino gegangen.
Wir haben einen Film gesehen, und er war echt klasse! Christian ist dann zum
Jugendclub und ich bin einkaufen gegangen. Am Abend hat mein Vater Fußball gespielt,
aber ich habe ferngesehen!
Tschüs, Jakob

LESEN 3b

Wer hat das gemacht: Jakob, Christian, Jakobs Vater oder Jakob und Christian?

Beispiel: **a** Jakob

SCHREIBEN 1

Wo sind diese Leute hingefahren?

Beispiel: a Ich bin nach Spanien gefahren.

1 S P _ N _ _ N

2 _ T _ L _ _ N

3 D _ _ T S C H L _ N D

4 S C H _ T T L _ N D

5 G R _ _ C H _ N L _ N D

Griechenland	Frankreich
Italien	Schottland
Deutschland	Spanien
England	Österreich

LESEN 2

Wer sagt das?

Beispiel: 1 Helen

1 Ich bin mit der Straßenbahn nach Köln gefahren.
2 Ich bin mit dem Zug nach München gefahren.
3 Ich bin mit dem Flugzeug nach Hamburg geflogen.
4 Ich bin mit dem Auto nach Berlin gefahren.
5 Ich bin mit dem Rad nach Bonn gefahren.
6 Ich bin zu Fuß nach Leipzig gegangen.

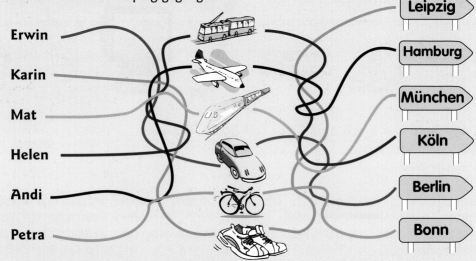

LESEN 3

Lies die Sätze. Was haben sie verloren?

Beispiel: 1 c

1 Ich habe kein Geld! Ich habe mein Portemonnaie verloren.
2 Es regnet und ich bin sehr nass. Wo ist mein Regenschirm?
3 Es ist sehr sonnig, und ich habe keine Sonnenbrille! Ich kann nichts sehen!
4 Ach nein! Ich habe meinen Rucksack im Zug verloren!
5 Ich habe keine Fotos gemacht! Mein Fotoapparat war zu Hause!
6 Ach nein! Ich habe meine Handtasche im Restaurant verloren!

a   b   c   d   e   f

1 Schreib kurze Interviews.

Beispiel:

a – Bist du in den Ferien weggefahren?
– Ja, ich bin nach **Spanien** gefahren.
– Wie lange warst du dort?
– Ich war **drei Wochen** dort.
– Wie war es?
– Es war **echt klasse** und **sehr heiß**.

a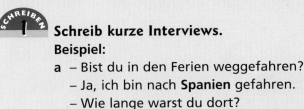

3 Wochen ☺ Spanien

b

1 Woche ☺ Griechenland

c

10 Tage ☹ Deutschland

d

1 Woche 😐 Schottland

2 Lies die Texte und beantworte die Fragen.

Beispiel: 1 Julia

1 Wer ist nach Österreich gefahren?
2 Wo hat Felix übernachtet?
3 Wer war in Spanien?
4 Wie ist Felix nach Italien gefahren?

5 Für wie lange war Hannes in Spanien?
6 Wo hat Julia übernachtet?
7 Wie war das Wetter in Salzburg?
8 Für wie lange war Julia in Salzburg?

Hallo. In den Sommerferien bin ich mit dem Bus nach Spanien gefahren. Ich war eine Woche dort und ich habe in einer Pension gewohnt. Es war echt klasse und ich bin oft schwimmen gegangen.
HANNES

Grüß dich! In den Ferien bin ich mit dem Zug nach Salzburg gefahren. Ich habe in einem Hotel übernachtet und das war echt klasse. Ich war drei Tage in Salzburg, und es war super. Ich habe viel gemacht und das Wetter war sehr warm und sonnig. JULIA

Hallo! In den Ferien bin ich mit dem Auto nach Italien gefahren. Ich habe bei Verwandten auf dem Land gewohnt, und das war sehr langweilig. Ich habe nichts Besonderes gemacht, aber ich habe ein bisschen Italienisch gelernt! Ciao!
FELIX

3a Wer sagt das?

Beispiel: 1 Kai

1 Ich habe meine Sonnenbrille verloren. Ist sie vielleicht hier?
2 Heute war ich am Hauptbahnhof und ich habe meinen blauen Regenschirm verloren.
3 Haben Sie ein Portemonnaie gefunden? Ich habe es gestern in der Stadt verloren.
4 Entschuldigen Sie. Ich suche meinen Rucksack. Er ist braun und ziemlich alt.
5 Haben sie eine Handtasche im Fundbüro? Sie ist weiß und sehr schön.

Alex　　　　**Bettina**　　　　**Kai**　　　　**Zak**　　　　**Lisa**

3b Wer hat was verloren? Schreib Sätze.

Beispiel: 1 Kai hat die schwarze Sonnenbrille verloren.

SCHREIBEN 1

Beschrifte den Körper.
Beispiel: **a** Das ist der Arm.

der Arm	der Hals
der Mund	die Hand
der Bauch	das Knie
die Nase	der Zeh
das Bein	das Ohr

LESEN 2

Was passt zusammen?
Beispiel: **1** a + h

1 – Ich habe Schnupfen.
– Nimm dieses Medikament.
2 – Mein Finger tut weh!
– Nimm diese Salbe viermal am Tag.
3 – Ich habe Zahnschmerzen.
– Geh zum Zahnarzt!
4 – Ich habe Fieber.
– Bleib zwei Tage im Bett.
5 – Mein Bein tut weh.
– Spiel kein Hockey für zwei Wochen.

LESEN 3a

Toms Tag. Sieh dir die Bilder an und verbinde die Satzhälften.
Beispiel: **1** b

1 Um ein Uhr		**a**	stehe ich auf.
2 Um Viertel nach sieben		**b**	gehe ich nach Hause.
3 Um sieben Uhr		**c**	esse ich zu Abend.
4 Um acht Uhr		**d**	gehe ich in die Schule.
5 Um halb acht		**e**	frühstücke ich.
6 Um zehn nach sieben		**f**	gehe ich ins Bett.
7 Um zwanzig nach zehn		**g**	wache ich auf.

SCHREIBEN 3b

Beschreib Toms Tag. Die Sätze oben helfen dir dabei.
Beispiel: Um sieben Uhr wache ich auf. Um …

1 SCHREIBEN

Beschrifte den Körper.

Beispiel: **a** Das ist der Arm.

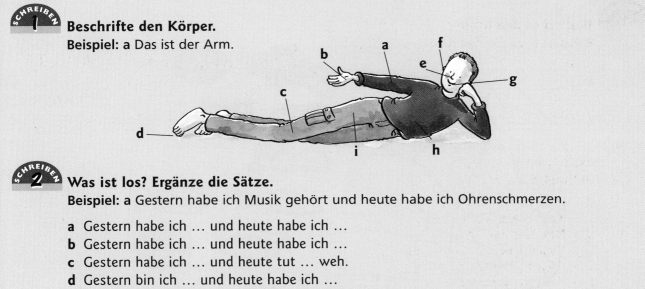

2 SCHREIBEN

Was ist los? Ergänze die Sätze.

Beispiel: **a** Gestern habe ich Musik gehört und heute habe ich Ohrenschmerzen.

a Gestern habe ich … und heute habe ich …
b Gestern habe ich … und heute habe ich …
c Gestern habe ich … und heute tut … weh.
d Gestern bin ich … und heute habe ich …
e Gestern bin ich um … ins Bett … und heute bin ich …
f Gestern habe ich Sabine … und heute habe ich …

3 LESEN

Lies den Text und beantworte die Fragen für Bruno.

Beispiel: **1** Ich heiße Bruno Brückmann.

1 Wie heißt du?	**6** Was trinkst du zum Frühstück?
2 Wann wachst du auf?	**7** Wann beginnt deine Radiosendung?
3 Wann stehst du auf?	**8** Wie ist die Musik?
4 Wie fährst du zum Radiosender?	**9** Wann fährst du nach Hause?
5 Wann frühstückst du?	**10** Wann wachst du wieder auf?

Bruno Brückmann ist DJ im Radio. Er macht die Frühstückssendung und muss sehr früh aufstehen. Hier beschreibt er einen typischen Tag:

„Ich wache normalerweise um drei Uhr auf und muss sofort aufstehen. Um Viertel nach drei fahre ich mit dem Auto zum Radiosender. Um halb vier bin ich schon dort und frühstücke in der Kantine. Natürlich trinke ich viel Kaffee! Um vier Uhr beginnt die Radiosendung und ich muss lustig und wach sein – das finde ich manchmal sehr schwierig, aber die Musik ist immer echt klasse! Die Sendung endet um acht Uhr und ich fahre sofort nach Hause. Ich gehe dann ins Bett und schlafe bis zwei Uhr!"

SCHREIBEN 1

Was sagen sie?
Beispiel: a Ich esse gern Fisch und Nudeln.

a

b

c

d

e

f

Hähnchen
Pizza
Tomaten
Gemüse
Fisch
Nudeln
Salat
Eintopf
Reis
Kartoffeln

LESEN 2

Sieh dir Annas Rezept an. Was kauft sie auf dem Markt?
Beispiel: b, …

a

b

c

d

e

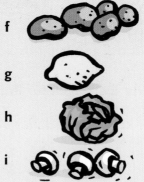

f

g

h

i

Annas Gemüseeintopf
3 Zwiebeln
200 g Champignons
2 Karotten
800 g Tomaten
Kartoffeln und Bohnen
(zum Servieren)

LESEN 3a

Wie viele Geschäfte kannst du finden?
Mach drei Listen.

der	die	das
der Supermarkt		

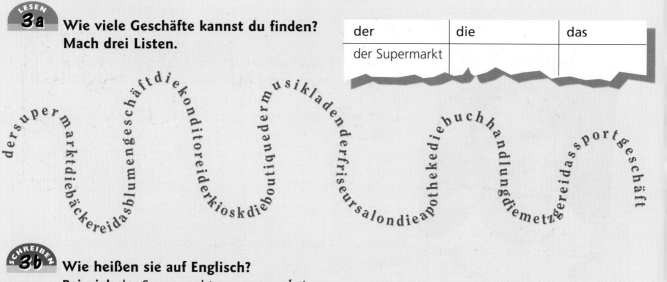

dersupermarktdiebäckereidasblumengeschäftdiekonditoreiderkioskdieboutiquedermusikladenderfriseursalondieapothekediebuchhandlungdiemetzgereidassportgeschäft

SCHREIBEN 3b

Wie heißen sie auf Englisch?
Beispiel: der Supermarkt = *supermarket*

1 **Lies den Dialog. Wer isst das gern?**

Beispiel: a Torsten

Im Supermarkt

Heute Abend isst die Hamburg Clique bei Steffi – zuerst gehen sie einkaufen ...

Fabian: Also, was essen wir heute Abend?

Torsten: Eintopf. Das esse ich sehr gern.

Lisa: Aber ich bin Vegetarierin. Am liebsten esse ich Pizza oder Nudeln.

Fabian: Ja, Nudeln esse ich auch gern!

Steffi: Ich auch, aber wir haben gestern, vorgestern und am Dienstag Nudeln gegessen. Also bitte, keine Nudeln mehr!

Torsten: O.K. Vielleicht essen wir alle gern Brot mit Käse und Salat?

Lisa: Gute Idee! Was meinst du, Fabian?

Fabian: Schlechte Idee! Salat esse ich nicht gern. Ich esse lieber Hähnchen oder Wurst.

Steffi: Und ich esse Fisch am liebsten.

Lisa: O.K., O.K. Was essen wir dann? Pizza?

Torsten: Ja! Einmal Schinkenpizza für mich!

Fabian: Und ich esse eine Pizza mit Hähnchen.

Steffi: Tolle Idee! Am liebsten esse ich eine Pizza mit Fisch. Und du, Lisa?

Lisa: Eine vegetarische Pizza mit Tomaten und Käse.

Fabian: Also, los geht's zum Pizza-Pizza in der Hauptstraße!

2 **Was kaufen sie auf dem Markt? Schreib Dialoge.**

Beispiel: a – Guten Tag! Bitte sehr?

– Ich möchte dreihundert Gramm Trauben, bitte.

– Sonst noch etwas?

3 **Welches Geschäft ist das?**

Beispiel: 1 die Apotheke

1 d– –   –p–th–k–

2 d–r   M–s–kl–d–n

3 d– –   K–nd–t–r– –

4 d– –   M–tzg–r– –

5 d–s   Bl–m–ng–sch–ft

6 d– –   B – –t–q– –

LESEN 1a Lies die Texte. Wer ist das?
Beispiel: a Johanna

> Ich heiße Katrina. Ich bin 16 Jahre alt und sehr nett!

> Meine Mutter heißt Ellie und sie ist 34 Jahre alt. Sie ist sehr sympathisch.

> Mein Stiefvater heißt Robert und er ist 40 Jahre alt. Er ist immer gut gelaunt und verständnisvoll.

> Meine Schwester heißt Johanna und ich mag sie nicht. Sie ist launisch und sehr, sehr nervig.

> Mein Stiefbruder heißt Ben. Er ist zehn Jahre alt und sehr lustig und freundlich.

a   b   c   d   e

LESEN 1b Wähl die richtige Antwort aus und kopiere die Sätze ins Heft.
Beispiel: 1 Katrina ist sechzehn Jahre alt.

1 Katrina ist **sechzehn/sechzig/sechs** Jahre alt.
2 Katrinas **Stiefbruder/Stiefschwester/Halbbruder** ist zehn Jahre alt.
3 Katrinas Mutter ist sehr **doof/sympathisch/launisch**.
4 Bens Vater ist **vier/vierzig/vierzehn** Jahre alt.
5 Katrina hat einen Stiefbruder und eine **Stiefschwester/Schwester/Halbschwester**.
6 Katrinas **Stiefbruder/Stiefschwester/Stiefvater** ist immer gut gelaunt.

SCHREIBEN 2 Was passt zusammen? Schreib Sätze auf.
Beispiel: 1 Ich habe Computerspiele gespielt.

Ich habe
1 Computerspiele
2 Musik
3 ein Buch
4 aus dem Fenster
5 einen Brief
6 mit Freunden

geschaut   gespielt   gelesen   geplaudert   gehört   geschrieben

LESEN 3 Was passt zusammen?
Beispiel: 1 ld

1 Gehen Sie geradeaus.
2 Gehen Sie nach links.
3 Gehen Sie nach rechts.
4 Gehen Sie über die Brücke.
5 Nehmen Sie die zweite Straße rechts.
6 Nehmen Sie die erste Straße links.

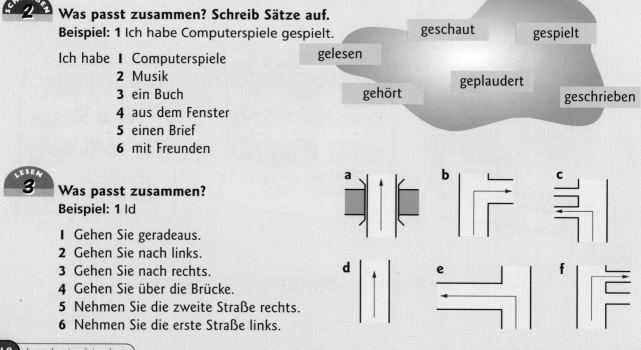

a   b   c   d   e   f

1 LESEN

Lies die Texte und beantworte die Fragen.

Beispiel: 1 Kai

1 Wer geht oft zur Tanzstunde?
2 Wer hat eine Halbschwester?
3 Wie alt ist Corinnas Stiefbruder?
4 Wie sind Kais Eltern?

5 Wer spricht oft am Telefon?
6 Wer muss die Mathehausaufgaben nochmal machen?
7 Wann muss Kai zu Hause helfen?
8 Wer ist total nervig und laut?

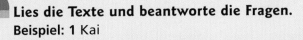

Familienprobleme

Ich wohne mit meiner Mutter, meinem Stiefvater und meinem Stiefbruder. Mein Stiefvater ist O.K. und er ist immer gut gelaunt, aber mein Stiefbruder ist total nervig. Er ist acht Jahre alt und sehr, sehr laut. Gestern Nachmittag hat er an meinem Computer gespielt und jetzt kann ich meine Mathehausaufgaben nicht finden. Heute Abend muss ich die Hausaufgaben nochmal machen. Hilfe! CORINNA

Meine Eltern sind zu streng! Am Samstag und am Sonntag muss ich zu Hause helfen (z.B. mein Zimmer aufräumen, abwaschen, einkaufen gehen, im Garten arbeiten ...). Jeden Nachmittag nach der Schule darf ich nicht mit meinen Freunden spielen – ich muss immer Klavier üben oder zur Tanzstunde gehen. Das finde ich sehr nervig. Was kann ich machen? KAI

Ich finde meine Halbschwester total schrecklich! Sie ist sechzehn Jahre alt und sehr launisch. Wir müssen ein Zimmer teilen, aber sie spielt immer laute Musik oder spricht mit ihren Freunden am Telefon. Dann kann ich nicht schlafen oder Hausaufgaben machen. Was kann ich machen? HANNAH

2 SCHREIBEN

Was haben diese Leute im Zug gemacht? Schreib Sätze.

Beispiel: 1 Ich habe Computerspiele gespielt.

1 Computerspiele
2 Musik
3 ein Buch

4 aus dem Fenster
5 einen Brief
6 mit Freunden

7 nichts
8 eine Cola
9 ein Butterbrot

3 LESEN

Was war die Frage?

Beispiel: 1 Wie komme ich am besten zum Dom?

1 Nimm die erste Straße rechts. Das ist die Müllgasse. Geh geradeaus und er ist auf der linken Seite.

2 Gehen Sie geradeaus und über die Brücke. Dann nehmen Sie die erste Straße rechts. Das ist die Hauptstraße. Gehen Sie geradeaus und sie ist auf der rechten Seite.

3 Geh geradeaus und über die Brücke. Es ist auf der linken Seite, gleich nach der Brücke.

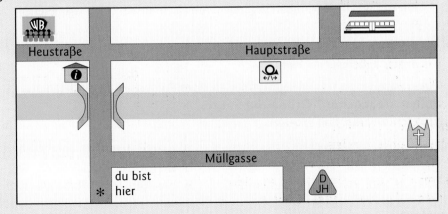

LESEN 1

Sieh dir die Bilder an. Wer sagt das?
Beispiel: 1 Monika

1 Ich trage eine blaue Jeans.
2 Ich trage schwarze Stiefel.
3 Ich trage eine glitzernde Bluse.

4 Ich trage einen karierten Schal.
5 Ich trage ein weißes Hemd.
6 Ich trage ein gestreiftes Trikot.

Monika   **Hugo**   **Inge**   **Max**

LESEN 2a

Sieh dir die Tabelle an. Wer sagt das?
Beispiel: 1 Annie

1 Am Nachmittag bin ich einkaufen gegangen.
2 Am Abend hatte ich eine Party.
3 Am Nachmittag habe ich ferngesehen.
4 Am Vormittag habe ich eine Radtour gemacht.

5 Am Abend bin ich ins Kino gegangen.
6 Am Abend habe ich im Café gegessen.
7 Am Nachmittag habe ich Hausaufgaben gemacht.

	Am Vormittag	**Am Nachmittag**	**Am Abend**
Peter			
Annie			
Oliver			
Claudia			

SCHREIBEN 2b

Ergänze den Text für Oliver und Claudia.
Beispiel: Am Vormittag bin ich schwimmen gegangen.

Oliver: Am … bin ich schwimmen gegangen. Am Nachmittag … ich ferngesehen.
         Am Abend habe ich im Café …

Claudia: Am Vormittag … ich eine Radtour gemacht. Am … habe ich Fußball gespielt.
         Am … hatte ich eine Party.

SCHREIBEN 3

Was wollen sie machen? Ordne die Sätze.
Beispiel: 1 Ich will Fußball spielen.

1 spielen Ich will Fußball
2 will fernsehen Ich
3 Ich fliegen will nach Griechenland

4 gehen Ich will ins Kino
5 den Dom besichtigen will Ich
6 machen eine Radtour will Ich

1 **Lies den Dialog. Was zieht Yilmaz zur Party an?**
Beispiel: c, …

Carla:	Was ziehst du zur Geburtstagsparty an, Yilmaz?
Yilmaz:	Ach, ich weiß es nicht. Vielleicht ziehe ich eine gepunktete Hose an.
Carla:	Eine gepunktete Hose!? Das ist aber schrecklich! Du könntest deine rote Hose anziehen. Sie sieht immer gut aus.
Yilmaz:	Ja, aber sie ist zu klein. Wie findest du diese grüne Hose?
Carla:	Äh … o ja … sie ist O.K. …
Yilmaz:	Und dazu ziehe ich mein kariertes Hemd an. Das finde ich klasse. Du auch?
Carla:	Äh … nein, Yilmaz, ein kariertes Hemd ist nicht modisch. Hast du sonst noch etwas?
Yilmaz:	Ja, ich habe ein blauweiß gestreiftes Hemd oder ein graues Trikot.
Carla:	Das graue Trikot sieht gut aus. Ziehst du diese braunen Stiefel an?
Yilmaz:	Nein, ich mag sie nicht. Ich ziehe lieber Sportschuhe an.
Carla:	O.K., so siehst du gut aus!
Yilmaz:	Aber meine gestreifte Kappe – die darf ich nicht vergessen!

2 **Wie haben sie ihren Geburtstag gefeiert? Ergänze die Sätze.**
Beispiel: **1** Am Vormittag bin ich zur Schule gegangen.

1 Am Vormittag bin ich zur Schule …
2 Am Nachmittag … ich einkaufen gegangen.
3 Am Abend habe ich einen Film …
4 Am Vormittag habe ich … gemacht.

5 Am Abend … ich ferngesehen.
6 Am Nachmittag … ich Hausaufgaben …
7 Am Nachmittag habe ich Fußball …
8 Am Abend bin ich schwimmen …

gemacht	gegangen	gesehen	eine Radtour	gegangen
habe	bin	habe	gespielt	

3 **Beantworte die Fragen.**
Beispiel: **1** Ich will faulenzen.

1 Was willst du in den Sommerferien machen?
2 Was willst du morgen machen?
3 Was willst du zu Abend essen?

4 Wann willst du am Sonntag aufstehen?
5 Wie willst du deinen Geburtstag feiern?

Grammatik

1 Nouns

Nouns are 'naming' words for people, places or things. In German, all nouns begin with a capital letter:

Steffi
Deutschland (*Germany*)
der Kuli (*the pen*)

1.1 Genders

Every German noun has a gender: it is either masculine (*m*), feminine (*f*) or neuter (*n*).

1.2 Articles

There are two types of articles:

- the definite article is the word for *the*, e.g. *the banana* (this particular banana here)
- the indefinite article is the word for *a*, e.g. *a banana* (any old banana)

a Definite articles
The definite articles in German for the three genders are:

m	f	n
der	die	das

masculine word: **der Junge** (*the boy*)
feminine word: **die Banane** (*the banana*)
neuter word: **das Glas** (*the glass*)

b Indefinite articles
The indefinite articles in German for the three genders are:

m	f	n
ein	eine	ein

masculine word: **ein Junge** (*a boy*)
feminine word: **eine Banane** (*a banana*)
neuter word: **ein Glas** (*a glass*)

To summarise:

	m	f	n
the *a*	der ein	die eine	das ein

1.3 Plurals

Plural means more than one of something, such as *dogs*, *cats*, *horses*, etc.

a Nouns
In German, there are several ways of forming the plural. If you are unsure of the plural of a word, you can look it up in the wordlist on pp. 137–144 or in a dictionary.

To form the plurals of German words:

Singular → Plural	*In dictionary*
add **-e** to end of word: **Hund → Hunde**	**Hund(-e)**
add **-n**, **-en** or **-nen** to end of word: **Katze → Katzen** **Frau → Frauen** **Partnerin →** **Partnerinnen**	**Katze(-n)** **Frau(-en)** **Partnerin(-nen)**
add **-s** to end of word: **Kuli → Kulis**	**Kuli(-s)**
add an umlaut to the last **a**, **o** or **u** and nothing, **-e** or **-er** to end of word: **Apfel → Äpfel** **Stuhl → Stühle** **Buch → Bücher**	 **Apfel(¨)** **Stuhl(¨e)** **Buch(¨er)**
add nothing **(-)** to end of word: **Mädchen → Mädchen**	**Mädchen(-)**

b Definite and indefinite articles

In the plural, the indefinite article (*a*) has no plural as in English (**ein Buch → Bücher**). The plural of the definite article (*the*) is always **die** (**das Buch → die Bücher**).

	pl
a	–
the	**die**

1.4 Cases

You will meet three cases in this book: nominative (*Nom.*), accusative (*Acc.*) and dative (*Dat.*).

a The nominative case

	m	*f*	*n*	*pl*
the	**der**	**die**	**das**	**die**
a	**ein**	**eine**	**ein**	–

The nominative case is used for the subject of the sentence. The subject is the person or thing doing the action of the verb.

Der Hund spielt Fußball.
The dog is playing football.

It is also used with expressions such as **Das ist …** (*This is …*) and **Hier ist …** (*Here is …*).

Hier ist ein Kuli. *Here is a pen.*

b The accusative case

	m	*f*	*n*	*pl*
the	**den**	**die**	**das**	**die**
a	**einen**	**eine**	**ein**	–

The accusative case is used for the direct object of the sentence. The direct object is the person or thing having the action of the verb done to it.

Ich sehe den Hund. *I see the dog.*

It is also used with expressions such as **Es gibt …** (*There is …*).

Es gibt einen Park. *There is a park.*

To summarise:

	m	*f*	*n*	*pl*
Nom.				
the	**der**	**die**	**das**	**die**
a	**ein**	**eine**	**ein**	–
Acc.				
the	**den**	**die**	**das**	**die**
a	**einen**	**eine**	**ein**	–

1 Nominative or accusative? Choose the correct word.
   Beispiel: 1 Ich habe meine Handtasche verloren.

1 Ich habe meine/mein Handtasche verloren.
2 Ich habe meinen/mein Fotoapparat verloren.
3 Mein/Meinen Arm tut weh.
4 Ich habe einen/ein Hals.
5 Mein/Meinen Regenschirm ist rot.
6 Ich habe einen/ein Bauch.

2 Fill in the word for *a*, *the* or *my* each time.
   Beispiel: 1 Ich trage einen Rock.

1 Ich trage … Rock. (*a*)
2 … Hut ist kariert. (*the*)
3 … Bluse ist echt klasse! (*my*)
4 Ich trage … Hose. (*a*)
5 Ich trage … Schal. (*my*)
6 … Trikot ist zu klein. (*the*)

c The dative case

	m	*f*	*n*
the	**dem**	**der**	**dem**
a	**einem**	**einer**	**einem**

The dative case has many uses. In this book, you see how it is used after certain prepositions such as **zu** *(to)* or **in** *(in)*.
See 5, p. 133.
Ich gehe zum Dom.
I'm going to the cathedral.
Ich bin in der Bäckerei.
I'm in the baker's.

1.5 Possessive adjectives

The possessive adjectives are the words for *my, your*, etc. They follow the same pattern as **ein, eine, ein**.

	m	f	n	pl
Nom.				
a	ein	eine	ein	–
my	mein	meine	mein	meine
your	dein	deine	dein	deine
his/its	sein	seine	sein	seine
her/its	ihr	ihre	ihr	ihre
Acc.				
a	einen	eine	ein	–
my	meinen	meine	mein	meine
your	deinen	deine	dein	deine
his/its	seinen	seine	sein	seine
her/its	ihren	ihre	ihr	ihre

Meine Stiefschwester heißt Hannah.
My step-sister is called Hannah.
Meine Schwestern sind launisch.
My sisters are moody.

3 Fill in the correct word for *my* or *your*.
   Beispiel: 1 Mein Stiefbruder ist immer gut
   gelaunt.

   1 … Stiefbruder ist immer gut gelaunt.
   2 Ich mag … Halbschwester nicht.
   3 Ich gehe zu … Großvater.
   4 … Brüder sind sehr lustig.
   5 Ich finde … Halbschwester sehr nervig.
   6 … Eltern sind ziemlich streng.

1.6 The negative article: **kein, keine, kein**

The negative article is used to talk about something you haven't got. It simply means *no, not a* and follows the same pattern as **ein, eine, ein**.

	m	f	n	pl
Nom.	kein	keine	kein	keine
Acc.	keinen	keine	kein	keine

Ich habe keinen Kuli. *I haven't got a biro.*

4 What haven't you got?
   Beispiel: a Ich habe kein Auto.

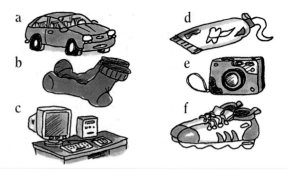

2 Personal pronouns

Personal pronouns are the words for *I, you, they*, etc. In German, they are:

I	**ich**
you	**du** (one friend or one person you know well)
he/it	**er** (male person or masculine noun)
she/it	**sie** (female person or feminine noun)
it	**es** (neuter noun)
we	**wir**
you	**ihr** (more than one friend or person you know well)
they	**sie**
you	**Sie** (one or more persons you don't know well)

2.1 *It*

In German, there are three ways of saying *it*.

	m	f	n
Nom.	er	sie	es

Er is for masculine nouns:
Der Musikladen ist groß. → **Er ist groß.**
The music shop is big. → *It is big.*

Sie is for feminine nouns:
Die Bäckerei ist klein. → **Sie ist klein.**
The baker's is small. → *It is small.*

Es is for neuter nouns:
Das Sportgeschäft ist toll. → **Es ist toll.**
The sports shop is great. → *It is great.*

5 Shorten the sentences by using **er/sie/es**.
Beispiel: 1 Er ist in der Rathausstraße.

1 Der Supermarkt ist in der Rathausstraße.
2 Die Konditorei ist gegenüber vom Markt.
3 Das Blumengeschäft hat tolle Blumen.
4 Der Kiosk ist nicht sehr gut.
5 Die Buchhandlung ist in der Hauptstraße.
6 Der Friseursalon ist ziemlich klein.

2.2 *You*

There are three words for *you* in German: **du**, **ihr** and **Sie**.

- **du** (singular)
  when talking to *one* person who you know well:
  Verstehst du das, Ralph?
  Do you understand that, Ralph?

- **ihr** (plural form of **du**)
  when talking to *more than one* person who you know well:
  Versteht ihr das, Petra und Ralph?
  Do you understand that, Petra and Ralph?

- **Sie** (both singular and plural)
  when talking to *one OR more than one* person older than you and who you don't know well – it is the polite form:
  Verstehen Sie das, Frau Klein?
  Do you understand that, Mrs Klein?
  Verstehen Sie das, Herr und Frau Klein?
  Do you understand that, Mr and Mrs Klein?

6 Are you talking to your friend Ralph, your friends Petra and Ingrid or Mrs Klein?
Beispiel: 1 Ralph

1 Kannst du mir helfen?
2 Nehmt eure Hefte raus.
3 Können Sie mir bitte helfen?
4 Seid ihr fertig?
5 Hast du einen Bleistift?
6 Verstehen Sie das?

2.3 Man

Man means *one/you/people*. The verb following **man** follows the **er/sie/es** pattern.
Hier kann <u>man</u> Tennis spielen.
One/You can play tennis here.
<u>Man</u> sieht gern fern.
People like watching TV.

3 Verbs in the present tense

3.1 Regular verbs

Verbs are 'doing' words, such as *to run, to walk, to talk, to go* and *to play*.

When you look up a verb in the wordlist on pp. 137–144 or in a dictionary, you will find its infinitive form, which ends in **-en**: **finden** (*to find*), **trinken** (*to drink*), **wohnen** (*to live*).

You need to change the ending according to the pronoun you are using. All regular verbs follow the same pattern:

spiel**en**	*to play*	endings
singular (only one person):		
ich spiel<u>e</u>	*I play*	**-e**
du spiel<u>st</u>	*you play*	**-st**
er/sie/es spiel<u>t</u>	*he/she/it plays*	**-t**
plural (more than one person):		
wir spiel<u>en</u>	*we play*	**-en**
ihr spiel<u>t</u>	*you play*	**-t**
sie spiel<u>en</u>	*they play*	**-en**
polite:		
Sie spiel<u>en</u>	*you play*	**-en**

7 Write the correct part of the verb.
Beispiel: 1 Wir wohnen in Köln.

1 Wir … in Köln. (wohnen)
2 Ich … in die achte Klasse. (gehen)
3 Inge … gern. (tanzen)
4 … ihr gern Musik? (hören)
5 … Sie oft Fußball? (spielen)
6 Was … du am Samstag? (machen)

3.2 Irregular verbs

Not all verbs follow the regular pattern – some are irregular in the **du** and **er/sie/es** forms and need to be learnt separately. Here are some examples:

essen *to eat*	**sehen** *to see*
ich esse	ich sehe
du isst	du siehst
er/sie/es isst	er/sie/es sieht
wir essen	wir sehen
ihr esst	ihr seht
sie/Sie essen	sie/Sie sehen

fahren *to go / to drive*	**lesen** *to read*
ich fahre	ich lese
du fährst	du liest
er/sie/es fährt	er/sie/es liest
wir fahren	wir lesen
ihr fahrt	ihr lest
sie/Sie fahren	sie/Sie lesen

8 Write the correct part of the verb.
   Beispiel: 1 Karin und Sophie lesen gern Bücher.

   1 Karin und Sophie … gern Bücher. (lesen)
   2 Wir … nach Berlin. (fahren)
   3 Was … du gern? (lesen)
   4 Er … nach England. (fahren)
   5 Karin … gern fern. (sehen)
   6 Ich … nicht gern. (lesen)

3.3 Sein and haben

Sein (*to be*) and **haben** (*to have*) are both irregular and need to be learnt by heart.

sein	*to be*	**haben**	*to have*
ich bin	*I am*	ich habe	*I have*
du bist	*you are*	du hast	*you have*
er/sie/es ist	*he/she/it is*	er/sie/es hat	*he/she/it has*
wir sind	*we are*	wir haben	*we have*
ihr seid	*you are*	ihr habt	*you have*
sie sind	*they are*	sie haben	*they have*
Sie sind	*you are*	Sie haben	*you have*

9 Write the correct part of **sein** or **haben**.
   Beispiel: 1 Er ist dreizehn Jahre alt und er hat eine Schwester.

   1 Er … dreizehn Jahre alt und er … eine Schwester.
   2 Ich … zwölf Jahre alt. Ich … keine Geschwister.
   3 Wann … du Geburtstag? … du auch zwölf Jahre alt?
   4 Wir … in der siebten Klasse. Wir … am Montag Englisch.
   5 Ihr … die Kölner-Clique, oder? … ihr Geschwister?
   6 Hannes und Fritz … keine Geschwister. Sie … vierzehn Jahre alt.
   7 Wann … Sie Geburtstag? Wie alt … Sie?

3.4 Separable verbs

a Using separable verbs

Separable verbs have two parts: the main verb and an extra word at the front, called the prefix.

aufwachen – **auf** (prefix) + **wachen** (main verb)

aufstehen = **auf** (prefix) + **stehen** (main verb)

When a separable verb is used in the present tense, the prefix goes to the end of the sentence, as in English *I wake up*.

aufwachen (*to wake up*)
   → **Ich wache auf.**

aufstehen (*to get up*)
   → **Ich stehe auf.**

10 Put the two parts of the separable verbs in the right place.
    Beispiel: 1 Um halb elf stehe ich auf.

    1 Um halb elf … ich … (aufstehen)
    2 Er … gern … (fernsehen)
    3 Um sieben Uhr … wir … (aufwachen)
    4 Wann … du …? (aufwachen)
    5 Erwin … um halb sechs … (aufstehen)
    6 … ihr um acht Uhr …? (aufwachen)

b Wehtun

If you are talking about one thing that hurts, you use **tut weh**.
If you are talking about more than one thing that hurts, you use **tun weh**.
Singular: **Mein Bein <u>tut</u> weh.** *My leg hurts.*
Plural: **Meine Beine <u>tun</u> weh.** *My legs hurt.*

3.5 Modal verbs

Können (*to be able to*), **müssen** (*to have to*), **mögen** (*to like*), **dürfen** (*to be allowed to*) and **wollen** (*to want to*) are all modal verbs. They work with another verb in its infinitive form.
Man <u>kann</u> Tennis <u>spielen</u>.
One can play tennis.

<u>Darf</u> ich meine Eltern <u>anrufen</u>?
May I phone my parents?

Modal verbs send the infinitives to the end of a sentence.
<u>Möchtest</u> du zu meiner Party <u>kommen</u>?
Would you like to come to my party?

Modal verbs are irregular verbs and their patterns are shown here:

können	müssen	mögen	dürfen	wollen
to be able to	*to have to*	*to like*	*to be allowed to*	*to want to*
ich kann	ich muss	ich mag	ich darf	ich will
du kannst	du musst	du magst	du darfst	du willst
er/sie/es kann	er/sie/es muss	er/sie/es mag	er/sie/es darf	er/sie/es will
wir können	wir müssen	wir mögen	wir dürfen	wir wollen
ihr könnt	ihr müsst	ihr mögt	ihr dürft	ihr wollt
sie/Sie können	sie/Sie müssen	sie/Sie mögen	sie/Sie dürfen	sie/Sie wollen

Ich möchte (*I would like*) is also used often in German:

ich möchte	wir möchten
du möchtest	ihr möchtet
er/sie/es möchte	sie/Sie möchten

11 Put the sentences and questions in the correct order.
   Beispiel: 1 Man kann im Sportclub trainieren.

   1 kann trainieren Man im Sportclub
   2 kann joggen gehen Man
   3 mir helfen Kannst du?
   4 helfen Sie mir Können?
   5 spielen kann Man Fußball
   6 fit Wie man kann bleiben?

12 Fill in the gaps with the correct part of **dürfen** or **können**.
   Beispiel: 1 Darf ich meine Eltern anrufen?

   1 … ich meine Eltern anrufen?
   2 … du mir bitte das Brot geben?
   3 … Sie mir bitte das Wasser geben?
   4 Er … ein Bad nehmen.
   5 Heute Abend … wir fernsehen.
   6 Im Sportclub … man trainieren.

13 Write an excuse for each invitation.
   Beispiel: 1 Nein, danke. Ich muss meinen Großvater besuchen.

   1 Möchtest du zum Dom gehen?
   2 Möchtest du meine Hausaufgaben machen?
   3 Möchtest du einkaufen gehen?
   4 Möchtest du im Garten arbeiten?

14 What do these people want to do?
Beispiel: 1 Karla will ins Kino gehen.

1 Karla

2 Meine Halbschwester

3 Ich

4 Wir

5 Thomas und Robert

6 Du

3.6 Commands

You use commands to tell somebody what to do. If you are talking to a friend (i.e. using **du**), you take the **du** form of the verb and remove the final **-st**:

du trinkst → **Trink!**
you drink → *Drink!*
du gehst → **Geh!**
you go → *Go!*
du nimmst → **Nimm!**
you take → *Take!*

If you are talking to an adult (i.e. using **Sie**), you use the infinitive followed by **Sie**:

Gehen Sie!   Nehmen Sie!   Trinken Sie!

15 Tell your friend Dagmar and then Mr Grün what to do!
Beispiel: 1 Trink keinen Kaffee! Trinken Sie keinen Kaffee!

1 keinen Kaffee trinken
2 zum Zahnarzt gehen
3 kein Tennis spielen
4 diese Salbe nehmen
5 im Bett bleiben
6 gesund essen

3.7 Talking about the future

You can use the present tense to talk about things that you are going to do in the future.
Morgen fahre ich in die Stadt.
I'm going to drive into town tomorrow.
Übermorgen spielen wir Fußball.
We're going to play football the day after tomorrow.

16 What are you doing this week.
Write sentences.
Beispiel: Am Montag spiele ich Tennis.

3.8 Es gibt

If you want to say *there is/are*, you use **es gibt** with the accusative case (see 1.4b, p. 123).
Es gibt einen Park. *There is a park.*
Es gibt keine Geschäfte.
There are no shops.

3.9 Gern, lieber, am liebsten

To say that you enjoy doing something, you use **gern**. To say that you prefer doing something, you use **lieber**. To say that you enjoy something best of all, you use **am liebsten**. **Gern** and **lieber** come straight after the verb, while **am liebsten** usually comes at the start of the sentence followed by the verb.

♥	Ich esse <u>gern</u>	Fisch.
♥♥	Ich esse <u>lieber</u>	Hähnchen.
♥♥♥	<u>Am liebsten</u> esse ich	Schinken.

In negative sentences, **nicht** goes before **gern**.
Ich esse nicht gern Fisch.
I don't like eating fish.

17 Write sentences.
   Beispiel: 1 Ich esse gern Nudeln.

   1   Nudeln essen
   2   ins Kino gehen
   3   Cola trinken
   4   faulenzen
   5   nach Spanien fahren
   6   mit dem Bus fahren

3.10 Gefallen

Another way of saying you like something is to use the verb **gefallen** (*to like*) plus the dative pronoun **mir** (to talk about what you like) or **dir** (to talk about what a friend likes).

If you are talking about one thing you like, you use the singular form **das gefällt mir**. If you are talking about more than one thing you like, you use the plural form **sie gefallen mir**.
Gefällt <u>dir</u> Top of the Pops?
Do you like Top of the Pops?
Top of the Pops gefällt <u>mir</u> gut/nicht.
I like/don't like Top of the Pops.
Ja, das gefällt <u>mir</u> gut.
Yes, I like it.
Gefallen <u>dir</u> Talkshows?
Do you like talk shows?
Ja, sie gefallen <u>mir</u> gut.
Yes, I like them.

18 Write the questions and answers.
   Beispiel: 1 Gefallen dir Seifenopern?
        Nein, sie gefallen mir nicht.

   1 Seifenopern ☹
   2 Krimis ☺
   3 die Sportsendung ☺
   4 die Musiksendung ☹
   5 Familienserien ☹
   6 *Baywatch* ☺

3.11 Nicht

Nicht means *not*. **Nicht** usually comes directly after the object of the sentence.
Er mag Sport nicht. *He doesn't like sport.*
Ich finde das nicht toll.
I don't find this great.

When there is no object, **nicht** comes straight after the verb.
Ich bin nicht groß. *I am not big.*

In inverted sentences (where the verb comes *before* the subject), **nicht** comes straight after the subject.
Sport mag er nicht. *He doesn't like sport.*
Das finde ich nicht gut. *I don't like that.*

4 Word order

4.1 Basic word order

The basic sentence word order is:

pronoun/noun	verb	object/rest of sentence
Es	**ist**	**heiß und schön.**
Ich	**fahre**	**nach Frankreich.**

4.2 Inversion

You can change the order of a German sentence by starting off with the time, place or object, then putting the verb second and finishing with the rest of the sentence. This is called inversion and looks like this:

time/place/ object	verb	pronoun/ noun	object / rest of sentence
Im Sommer	**gehe**	**ich**	**schwimmen.**
Um acht Uhr	**gehen**	**wir**	**in die Schule.**
In Berlin	**kann**	**man**	**viel machen.**
Sport	**finde**	**ich**	**langweilig.**

19 Rewrite these sentences, starting with the underlined words first.

Beispiel: 1 Im Winter spiele ich Hockey.

1 Ich spiele <u>im Winter</u> Hockey.
2 Ich bin <u>um neun Uhr</u> im Bett.
3 Es gibt viele Geschäfte <u>in Köln</u>.
4 Er findet <u>Köln</u> interessant.
5 Ich gehe <u>im Frühling</u> oft joggen.
6 Sie haben eine Tanzstunde <u>um vier Uhr</u>.

4.3 Word order after conjunctions and adverbs

a Conjunctions are little words that join sentences or give more information. These include: **und** (*and*), **aber** (*but*), **dann** (*then*), **also** (*therefore, so*), **zuerst** (*at first*), **als Nächstes** (*next*), **am Ende** (*in the end*). Conjunctions usually change the word order of a sentence. **Und** and **aber** are conjunctions that don't change the word order of a sentence.

Ich habe Kaffee getrunken und ich habe Kuchen gegessen.
I drank coffee and ate cake.
Mein Bruder ist nervig, aber er ist manchmal lustig.
My brother is irritating, but he's sometimes funny.

b Adverbs invert the word order of a sentence as they often start the sentence. The verb then comes immediately after the adverb. These include: **leider** (*unfortunately*), **hoffentlich** (*hopefully*), **zum Glück** (*luckily*).

Ich	esse	gern Pommes.
Und ich	esse	auch gern Pommes.
Leider	esse	ich zu viele Pommes.
Zuerst	fahre	ich in die Stadt.

20 Rewrite these pairs of sentences as single sentences using the conjunctions in brackets.

Beispiel: 1 Ich war in Köln und es war sehr kalt.

1 Ich war in Köln. Er war sehr kalt. (und)
2 Wir rufen Dieter an. Er ist nicht zu Hause. (aber)
3 Er hat den Film gesehen. Es war langweilig. (aber)
4 Sie hat den Film gesehen. Sie ist ins Café gegangen. (und dann)
5 Wir sind einkaufen gegangen. Wir sind zur Bank gegangen. (aber zuerst).
6 (leider) Er ist krank. Er kommt zur Party. (aber hoffentlich)

4.4 Time, manner, place

In a sentence, the manner (i.e. how you went) always comes before the place (i.e. where you went).

noun/pronoun	verb	manner (how)	place (where)	rest of sentence
Ich	**fahre**	**mit der U-Bahn**	**in die Stadt.**	
Ich	**bin**	**mit dem Zug**	**nach Dresden**	**gefahren.**

If you have several elements in a sentence, the time expression comes before the manner (i.e. details, such as how and with whom) and the place comes at the end.

time	verb	manner	place	rest of sentence
Um elf Uhr	**fahre ich**	**mit meiner Mutter**	**in die Stadt.**	
Am Sonntag	**haben wir**	**eine Bootsfahrt**	**auf dem Rhein**	**gemacht.**

21 Write sentences to describe how and where they went on holiday.

> **Beispiel:** Jens ist mit dem Bus nach Berlin gefahren.

1 Jens   Berlin

2 Lisa   Spanien

3 Gabi   München

4 Beate   Paris

22 Put these elements in the right order and write sentences.

> **Beispiel: 1** Am Freitag bin ich mit dem Zug nach Ulm gefahren.

1 ich bin gefahren – mit dem Zug – am Freitag – nach Ulm
2 nach Italien – letzte Woche – ich bin geflogen – mit meiner Schwester
3 im Sportclub – ich spiele Fußball – um halb zehn – mit meiner Stiefschwester
4 mit meinen Eltern – um acht Uhr – ich frühstücke – im Esszimmer
5 nach Österreich – mit dem Bus – im Januar – ich bin gefahren
6 in der Schweiz – in den Sommerferien – ich habe übernachtet – bei meinen Großeltern

4.5 Asking questions

a Question words

Many questions start with a question word. Here are German question words starting with **W**:

wo?	*where?*
wann?	*when?*
wie?	*how?*
wie viele?	*how many?*
was?	*what?*
wer?	*who?*
warum?	*why?*

b Questions beginning with verbs

If you're not using a **W** question word, you can ask a question by putting the verb first and then the subject.

Spielen wir Fußball?
Shall we play football?
Fahren wir nach Köln?
Shall we go to Cologne?

23 Change the word order and ask a question.

> **Beispiel: 1** Spielen wir Handball?

1 Wir spielen Handball.
2 Wir machen Hausaufgaben.
3 Wir fahren mit der U-Bahn ins Stadtzentrum.
4 Wir besichtigen den Dom.
5 Wir gehen ins Kino.
6 Wir bleiben zu Hause.

4.6 The perfect tense

You use the perfect tense to talk about things which happened in the past.
Was hast du gestern gemacht?
What did you do yesterday?
Vorgestern bin ich in die Stadt gefahren.
The day before yesterday I went into town.
Letzte Woche habe ich mein Portemonnaie verloren.
Last week I lost my wallet.

The perfect tense is made up of two parts.

haben (ich habe/du hast, *etc.*) or sein (ich bin/er ist, *etc.*)	*past participle (at end of sentence)*
Ich habe Hockey	**gespielt.**
Sie ist nach Köln	**gefahren.**

Most verbs take **haben** in the perfect tense, but some verbs such as **gehen** (*to go*), **fahren** (*to drive*), **fliegen** (*to fly*) take **sein**. Verbs that take **sein** are marked with an asterisk (*) in the verb list on page 133.

Most past participles begin with **ge-**: **ge**macht, **ge**sehen, **ge**hört, **ge**gangen. If you can't remember a past participle, you can look them up in the verb list on p. 133.

Separable verbs come together in the perfect tense to form a one-word participle with the -ge- in the middle:

fernsehen → ferngesehen
anrufen → angerufen.

The part of **haben** or **sein** acts as the main verb in the sentence and so comes in second place. The past participle goes right to the end of the sentence.

pronoun/noun/question word	verb	rest of sentence	past participle at end
Ich	habe	am Computer	gespielt.
Um drei Uhr	habe	ich einen Film	gesehen.
Was	hast	du gestern Nachmittag	gemacht?

24 Fill in the gaps using the past participle of the verbs in brackets. If you can't remember them, look at the verb list on p. 133.
   Beispiel: 1 Gestern habe ich am Computer gespielt.

   1 Gestern habe ich am Computer … (spielen)
   2 Ich habe Musik … (hören)
   3 Hast du den Film …? (sehen)
   4 Wir haben nur … (fernsehen)
   5 Am Nachmittag habe ich eine Tanzstunde … (haben)
   6 Ich habe Hausaufgaben … (machen)

25 Fill in the correct part of **sein** or **haben**.
   Beispiel: 1 Ich bin ins Kino gegangen.

   1 Ich … ins Kino gegangen.
   2 Er … Hausaufgaben gemacht.
   3 Sie … einkaufen gegangen.
   4 Ich … ferngesehen.
   5 Robert … ins Café gegangen.

26 What did you do yesterday?
   Write sentences.
   Beispiel: Um elf Uhr habe ich Tennis gespielt.

   11:00 Tennis spielen
   12:00 Hausaufgaben machen
   13:00 ein Buch lesen
   14:00 einkaufen gehen
   15:00 ins Kino gehen
   16:00 Musik hören

27 Write sentences in the perfect tense.
   Beispiel: 1 Ich habe Fußball gespielt.

   1 Ich spiele Fußball.
   2 Sie fährt nach Griechenland.
   3 Er sieht den Film.
   4 Du gehst ins Kino.
   5 Ich gehe einkaufen.
   6 Du hast eine Tanzstunde.

28 Write sentences in the perfect tense.
   Beispiel: 1 Ihr habt eine Radtour gemacht.

   1 ihr – Radtour machen
   2 wir – Museum besichtigen
   3 Felix und Xavier – viel Eis essen
   4 ihr – lesen
   5 wir – fernsehen
   6 sie – in einem Hotel übernachten

29 What are the past participles of these verbs?
   Beispiel: 1 spielen – gespielt

   1 spielen   6 fahren
   2 lesen   7 trinken
   3 machen   8 schreiben
   4 haben   9 hören
   5 gehen   10 sehen

Verb list

infinitive	English	past participle
abfahren*	to leave	abgefahren
anrufen	to ring up	angerufen
besichtigen	to visit (place)	besichtigt
besuchen	to visit (person)	besucht
bleiben*	to stay	geblieben
essen	to eat	gegessen
gehen*	to go	gegangen
fahren*	to drive	gefahren
faulenzen	to laze	gefaulenzt
fernsehen	to watch TV	ferngesehen
fliegen*	to fly	geflogen
haben	to have	gehabt
hören	to hear	gehört
kaufen	to buy	gekauft
lesen	to read	gelesen
machen	to do	gemacht
plaudern	to chat	geplaudert
schauen	to look	geschaut
schlafen	to sleep	geschlafen
schreiben	to write	geschrieben
sein*	to be	gewesen
sparen	to save	gespart
spielen	to play	gespielt
tanzen	to dance	getanzt
trinken	to drink	getrunken
übernachten	to stay the night	übernachtet
vergessen	to forget	vergessen
verlieren	to lose	verloren

*takes **sein**

5 Prepositions

Prepositions are small words that give you more information about things (**ich gebe es <u>für</u> Jugendclub aus**) or tell you where things are (**es ist <u>in</u> der Hauptstraße**) and when they are happening (**<u>um</u> acht Uhr**). Prepositions are either followed by the accusative or the dative case, and this means that words such as **der**, **eine** or **mein** have to change.

5.1 Prepositions with the dative

The following prepositions are always followed by the dative case (see 1.4c, p. 123): **mit** (*with*), **gegenüber von** (*opposite*), **von** (*from*), **bei** (*at the home of/with*), **zu** (*to*).
Ich wohne bei meiner Großmutter.
I live with my grandmother.
Der Musikladen ist gegenüber von der Konditorei.
The music shop is opposite the confectioner's.
Wie komme ich am besten zum Dom?
Which is the best way to the cathedral?
Ich fahre mit dem Bus.
I travel by bus.

> zu dem = **zum**
> zu der = **zur**

30 **Mit dem** or **mit der**?
   Beispiel: 1 Ich fahre mit dem Bus.

   1 Ich fahre mit … Bus.
   2 Ich fahre mit … Straßenbahn.
   3 Er fährt mit … Auto.
   4 Wir sind mit … Flugzeug nach Italien geflogen.
   5 Fahrt ihr mit … U-Bahn.
   6 Sie fahren immer mit … Zug.

31 Fill in the gaps.
   Beispiel: 1 Wie komme ich am besten zur Jugendherberge?

   1 Wie komme ich am besten … Jugendherberge?
   2 Gestern bin ich … Hauptbahnhof gegangen.
   3 Wie komme ich am besten … Verkehrsamt?
   4 Wir möchten … Dom gehen.
   5 Ich fahre mit … Bus … Museum.
   6 Wir sind mit … Auto … Schwimmbad gefahren.

5.2 Prepositions with the accusative

Für (*for*) and **um** (*at*) are always followed by the accusative case (see 1.4b, p. 123).
Ich gebe es für den Jugendclub aus.
I spend it on the youth club.

32 Fill in the correct form of the words in brackets.

Beispiel: 1 Ich gebe es für das Kino aus.

1 Ich gebe es für … Kino aus. (*the*)
2 Ich gebe es für … Tanzclub aus. (*the*)
3 Ich kaufe Blumen für … Freundin. (*a*)
4 Ich kaufe Kassetten für … Bruder. (*my*)
5 Er hat das Buch für … Vater gekauft. (*his*)
6 Ich habe das Geschenk für … Großmutter gekauft. (*my*)

5.3 Prepositions with the accusative or the dative

The following prepositions are followed by the accusative case when there is movement towards a place and the dative case when there is no movement towards a place: **an** (*at*), **auf** (*on*), **in** (*in*), **unter** (*under*), **neben** (*near*), **zwischen** (*between*), **vor** (*in front of/ago*), **über** (*over*).

accusative (movement towards)	dative (no movement towards)
Ich gehe in den Supermarkt. **Ich gehe in die Metzgerei.** **Ich gehe in die Hauptstraße.** **Geh über die Brücke.**	**Ich bin im Supermarkt.** **Karl arbeitet in der Metzgerei.** **Der Kiosk ist in der Hauptstraße.** **Die Jugendherberge ist über der Brücke.**

an dem = **am**
von dem = **vom**
in dem = **im**

33 a Answer the question: **Wo bist du?**
Beispiel: 1 Ich bin im Musikladen.

1 der Musikladen

2 die Boutique

3 das Sportgeschäft

4 die Buchhandlung

5 das Blumengeschäft

6 der Supermarkt

b Now answer the question: **Wohin gehst du?**
Beispiel: 1 Ich gehe in den Musikladen.

34 Choose the correct word.

Beispiel: 1 Der Supermarkt ist gegenüber von der Bäckerei.

1 Der Supermarkt ist gegenüber von der/die/das Bäckerei.
2 Ich gehe zu der/den/dem Supermarkt.
3 Es ist zwischen der/die/dem Friseursalon und dem/der/den Blumengeschäft.
4 Was ist neben dem/der/die Konditorei?
5 Ist der Kiosk gegenüber von der/dem/die Apotheke?
6 Ist es zwischen das/der/dem Boutique und der/die/dem Musikladen?

6 Adjectives

Adjectives describe nouns. When an adjective comes *after* the noun, it always stays the same. When an adjective comes *before* the noun, it adds an ending.

Adjective after noun	Adjective before noun
Das Buch ist gut. **Der Pullover ist blau.**	**das gut̲e Buch** **der blau̲e Pullover**

When an adjective comes before a noun, its ending depends on the case of the noun (i.e. nominative, accusative or dative) and its gender (i.e. *m, f, n*).

6.1 Adjective endings after the definite article

	m	f	n	pl
Nom.	der alt**e** Rucksack	die alt**e** Handtasche	das alt**e** Portemonnaie	die alt**en** Socken
Acc.	de**n** alt**en** Rucksack	die alt**e** Handtasche	das alt**e** Portemonnaie	die alt**en** Socken

35 Change these sentences into short descriptions.

Beispiel: 1 der schwarze Pudel

1 Der Pudel ist schwarz.
2 Der Bauch ist dick.
3 Die Diskette ist rot.
4 Das Mädchen ist klein.
5 Die Sonnenbrille ist modisch.
6 Die Handtasche ist alt.

36 What's in the lost property office?

Beispiel: a Es gibt ~~einen~~ roten Rucksack.
den

37 Fill in the adjectives.

Beispiel: 1 Das Hemd ist blau.

1 Das Hemd ist … (blau)
2 Ich habe den … Fotoapparat verloren. (schwarz)
3 Wo ist das … Auto? (neu)
4 Hast du die … Fotos gesehen? (interessant)
5 Ich habe die … Handtasche gefunden! (gelb)
6 Der … Junge hat ein Buch gelesen. (intelligent)

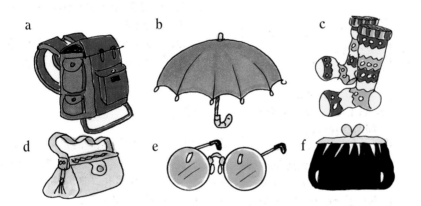

a   b   c

d   e   f

6.2 Adjective endings after the indefinite article

The following table shows you the adjective endings after the indefinite article.

	m	f	n	pl
Nom.	ein blau**er** Rock	eine blau**e** Krawatte	ein blau**es** Trikot	blau**e** Socken
Acc.	ein**en** blau**en** Rock	eine blau**e** Krawatte	ein blau**es** Trikot	blau**e** Socken

38 What are these people wearing at the party?

Beispiel: Ich trage einen grünen Rock.

1 der Rock – grün
2 das Hemd – blau
3 die Socken – alt
4 die Krawatte – gepunktet
5 der Schal – gestreift
6 das Trikot – neu

7 Numbers (1–100)

1	eins	11	elf
2	zwei	12	zwölf
3	drei	13	dreizehn
4	vier	14	vierzehn
5	fünf	15	fünfzehn
6	sechs	16	sechzehn
7	sieben	17	siebzehn
8	acht	18	achtzehn
9	neun	19	neunzehn
10	zehn	20	zwanzig
21	einundzwanzig	30	dreißig
22	zweiundzwanzig	40	vierzig
23	dreiundzwanzig	50	fünfzig
24	vierundzwanzig	60	sechzig
25	fünfundzwanzig	70	siebzig
26	sechsundzwanzig	80	achtzig
27	siebenundzwanzig	90	neunzig
28	achtundzwanzig	100	hundert
29	neunundzwanzig		

8 Dates

Days of the week
Am ... *On ...*
Montag
Dienstag
Mittwoch
Donnerstag
Freitag
Samstag
Sonntag

Months of the year
Im ... *In ...*

Januar	Juli
Februar	August
März	September
April	Oktober
Mai	November
Juni	Dezember

Dates
Am ... *On ...*

ersten	elften
zweiten	zwölften
dritten	dreizehnten
vierten	vierzehnten
fünften	zwanzigsten
sechsten	einundzwanzigsten
siebten	zweiundzwanzigsten
achten	dreißigsten
neunten	einunddreißigsten
zehnten	

Wortschatz

Deutsch–Englisch

A

der Abend(-e)	evening
das Abendessen(-)	supper
aber	but
abfahren	to leave
allergisch gegen	to get allergic to
also	so, therefore
alt	old
das Alter	age
Amerika	America
an	on, to
Angst haben	to be scared
die Ankunft	arrival
anrufen	to phone
anstrengend	tiring
anziehen	to put on
der Apfel(¨)	apple
die Apotheke(-n)	chemist's
die Aprikose(-n)	apricot
die Arbeit	work
der Arm(-e)	arm
der Arzt(¨e)	doctor
auch	too, also
auf	on
aufblasen	to blow up
aufmachen	to open
aufräumen	to tidy up
aufstehen	to get up
aufwachen	to wake up
das Auge(-n)	eye
aus	out
ausgeben	to spend
ausgehen	to go out
aussehen	to look
die Auswahl	choice
auswählen	to choose
das Auto(-s)	car

B

die Bäckerei(-en)	baker's
das Bad	bath
der Bahnhof(¨e)	station
bald	soon
die Banane(-n)	banana
der Bauch	stomach
die Bauch-	
schmerzen (pl)	stomach ache
Bayern	Bavaria
der Beamte(-n)	official (male)
/die	

beantworten	to answer
beginnen	to begin
bei	at
das Bein(-e)	leg
bekommen	to get
besichtigen	to visit (a place)
nichts	
Besonderes	nothing special
besonders	especially
besser	better
am besten	best of all
der Besuch	visit
besuchen	to visit (someone)
das Bett(-en)	bed
das Bild(-er)	picture
billig	cheap
die Birne(-n)	pear
bis (bald)	till (soon)
ein bisschen	a bit
bitte	please
blau	blue
bleiben	to stay
es blitzt	there's lightning
blond	blonde
das Blumen-	
geschäft(-e)	florist's
die Bluse(-n)	blouse
die Bohne(-n)	bean
die Bootsfahrt(-en)	boat trip
die Boutique(-n)	boutique
brauchen	to need
braun	brown
der Brief(-e)	letter
das Brot	bread
das Brötchen(-)	bread roll
die Brücke(-n)	bridge
der Bruder(¨)	brother
das Buch(¨er)	book
die Buchhand-	
lung(-en)	bookshop
der Bus(-se)	bus
die Butter	butter
das Butterbrot	sandwich

C

das Café(-s)	café
der Camping-	
platz(¨e)	campsite
der Champignon(-s)	mushroom

die Chips (pl)	crisps
die Clique(-n)	group of friends
der Computer(-)	computer
das Computer-	
spiel(-e)	computer game
der Cousin	cousin (boy)
die Cousine	cousin (girl)

D

danach	afterwards
vielen Dank	thanks a lot
danke schön/	
sehr	thanks a lot
dann	then
das	the (neuter)
dein, deine	your
denn	because
der	the (masculine)
deutsch	German
Deutschland	Germany
dich	you/your
dick	fat
die	the (feminine)
der Dieb(-e)	thief
Dienstag	Tuesday
dieser, diese,	
dieses	this
diesmal	this time
dir	(to) you
direkt	direct(ly)
die Disko(-s)	disco
die Diskette(-n)	disk
der Dokumentar-	
film(-e)	documentary
der Dom(-)	cathedral
Donnerstag	Thursday
es donnert	it's thundering
doof	stupid
das Dorf(¨er)	village
dort	there
dritte	third
du	you
durch	through

E

die E-Mail(-s)	e-mail
echt	really
das Ei(-er)	egg
ein, eine, ein	a
einfach	single (ticket)

	einkaufen gehen	to go shopping	das Fundbüro(-s)	lost property office	
die	Einladung(-en)	invitation		für	for
	einmal	once	der	Fuß (Füsse)	foot
der	Eintopf(¨e)	stew		Fußball	football
das	Eis	ice cream			
der	Ellbogen(-)	elbow	**G**		
die	Eltern (pl)	parents		ganz	complete
	am Ende	in the end	gar	nicht	not at all
	England	England	der	Gast(¨e)	guest
	Englisch	English	die	Gastfamilie(-n)	host family
	entkoffeiniert	decaffeinated		geben	to give
	er	he	der	Geburtstag(-e)	birthday
die	Erdbeere(-n)	strawberry		gefallen	to please
	erste	first		gegen	about
	es	it		gegenüber von	opposite
	essen	to eat		gehen	to go
	eure	your		gehören	to belong to
der	Euro	euro		gelb	yellow
			das	Geld(-er)	money
F			die	Gelegen-	
	fahren	to drive		heit(-en)	opportunity
die	Fahrkarte(-n)	ticket	das	Gemüse	vegetables
das	Fahrrad(¨er)	bicycle		gepunktet	spotty
	fallen	to fall		geradeaus	straight on
	falsch	wrong		gern (+ verb)	like (doing)
die	Familie(-n)	family	das	Geschäft(-e)	shop
die	Familien-		das	Geschenk(-e)	present
	serie(-n)	soap opera	das	Gesicht(-er)	face
	faulenzen	to laze		gestern	yesterday
das	Fenster(-)	window		gestreift	striped
die	Ferien (pl)	holidays		gesund	healthy
	fernsehen	to watch television	das	Getränk(-e)	drink
der	Fernseher(-)	television		gewinnen	to win
	fertig	ready		es gibt	there is
	Fieber haben	to have a temperature	das	Gleis(-e)	platform
				glitzernd	glittery
der	Film(-e)	film		zum Glück	luckily
	finden	to find	das	Gramm	gram
der	Finger(-)	finger		Griechenland	Greece
der	Fisch(-e)	fish		groß	big
	fliegen	to fly	die	Großeltern (pl)	grandparents
das	Flugzeug(-e)	airplane	die	Großmutter(¨)	grandmother
der	Fotoapparat(-)	camera	der	Großvater(¨)	grandfather
	fragen	to ask		grün	green
	Frankreich	France	die	Gruppe(-n)	group
	Frau	Mrs		grüß dich	hello
	frei	free		guck mal	look
	Freitag	Friday	die	Gurke(-n)	cucumber
der	Freund(-e)	friend		gut	good
	freundlich	friendly		gut gelaunt	in a good mood
	frisch	fresh		guten Tag	hello
der	Friseursalon(-s)	hairdresser's			
	frostig	frosty	**H**		
	im Frühling	in the spring	das	Haar(-e)	hair
das	Frühstück	breakfast	die	Haarbürste(-n)	hairbrush
	frühstücken	to have breakfast		haben	to have

das	Hähnchen(-)	chicken
	halb (acht)	half past (seven)
der	Halbbruder(¨)	half-brother
die	Halb-	
	schwester(-n)	half-sister
	hallo	hello
der	Hals(¨e)	neck
die	Halsschmer-	
	zen (pl)	sore throat
die	Hand(¨e)	hand
die	Handtasche(-n)	handbag
das	Handtuch(¨er)	towel
der	Haupt-	
	bahnhof(¨e)	main station
das	Haus(¨er)	house
die	Hausauf-	
	gaben (pl)	homework
das	Heft(-e)	exercise book
	heiß	hot
	heißen	to be called
	helfen	to help
das	Hemd(-en)	shirt
	im Herbst	in the autumn
	Herr	Mr
	heute	today
	hier	here
	Hilfe!	help!
	hilfsbereit	helpful
	hin und zurück	return (ticket)
das	Hobby(-s)	hobby
	hoffentlich	hopefully
	hören	to listen to
die	Hose(-n)	pair of trousers
das	Hotel(-s)	hotel
	hundert	hundred
	hungrig	hungry
I		
	ich	I
die	Idee(-n)	idea
	ihr	you
	ihr, ihre	her
	immer	always
	in	in
	interessant	interesting
das	Interview(-s)	interview
	Irland	Ireland
	Italien	Italy
J		
die	Jacke(-n)	jacket
das	Jahr(-e)	year
die	Jeans	pair of jeans
	jede	each
	jemand	somebody
	jetzt	now
	joggen gehen	to go jogging

der Joghurt	yogurt	
das Jugendclub(-s)	youth club	
die Jugend-		
herberge(-n)	youth hostel	
der Jugendliche(-n)	young person	
Juli	July	
jung	young	

K

der Kaffee(-s)	coffee
das Kajak(-s)	canoe
kalt	cold
der Kamm(¨e)	comb
kaputt	broken
kariert	checked
der Karneval	carneval
die Karotte(-n)	carrot
die Karte(-n)	ticket
die Kartoffel(-n)	potato
der Karton(-s)	carton
der Käse	cheese
die Kasse(-n)	till
die Kassette(-n)	cassette
kaufen	to buy
kein, keine	not a
das Kilo	kilo
das Kinderpro-	children's
gramm(-e)	programme
das Kino(-s)	cinema
das Kiosk(-e)	kiosk
die Kirsche(-n)	cherry
die Klasse(-n)	class
klasse	excellent
die Klassen-	
arbeit(-en)	class test
die Klassen-	
fahrt(-en)	class trip
das Klassen-	
zimmer(-)	classroom
die Kleidung	clothes
klein	small
die Kletterwand	climbing wall
das Klo(-s)	loo
das Knie(-n)	knee
kochen	to cook
Köln	Cologne
kommen	to come
die Komödie(-n)	comedy
die Konditorei(-en)	cake shop
können	to be able to
das Konzert(-e)	concert
der Kopf(¨e)	head
die Kopfsch-	
merzen (pl)	headache
der Körper(-)	body
krank	ill
die Krankheit(-en)	illness

die Krawatte(-n)	tie
kreativ	creative
die Krimiserie(-n)	detective series
die Küche(-n)	kitchen
der Kuchen(-)	cake
der Kuli(-s)	biro

L

der Lackschuh(-e)	patent shoe
auf dem Land	in the country
langsam	slowly
langweilig	boring
lassen	to leave
launisch	moody
laut	loud
lecker	tasty
die Lecker-	
bissen (pl)	tasty bites
der Lehrer(-)	teacher (male)
die Lehrerin(-nen)	teacher (female)
Leichtathletik	athletics
tut mir Leid	I'm sorry
leider	unfortunately
leihen	to lend
lernen	to learn
lesen	to read
letzte	last
die Leute (pl)	people
Liebe/r	Dear (on a
	letter)
lieber (+verb)	prefer (doing)
am liebsten	best of all
links	left
die Lippe(-n)	lip
los geht's	off we go
der Luftballon(-s)	balloon
lustig	funny

M

machen	to do, to make
das Mädchen(-)	girl
Mai	May
malen	to draw
man	one, you
manchmal	sometimes
der Mann(¨er)	man
die Mann-	
schaft(-en)	team
der Markt(¨e)	market
die Marmelade	jam
März	March
die Medaille(-n)	medal
das Medikament	medicine
mehr	more
mein, meine	my
meistens	mostly
die Metzgerei(-en)	butcher's

die Milch	milk
die Minute(-n)	minute
mir	(to) me
mit	with
zu Mittag essen	to have lunch
Mittwoch	Wednesday
modisch	fashionable
Moment mal	just a minute
der Monat(-e)	month
Montag	Monday
morgen	tomorrow
müde	tired
der Mund(¨er)	mouth
das Museum	
(Museen)	museum
Musik hören	to listen to
	music
der Musikladen(¨)	music shop
die Musik-	music
sendung(-en)	programme
das Müsli	muesli
müssen	to have to
die Mutter(¨)	mother
die Mütze(-n)	hat

N

nach	to, after, past
der Nachmittag(-e)	afternoon
die Nach-	
richten (pl)	news
als nächstes	next
die Nacht(¨e)	night
in der Nähe	in the area
der Name(-n)	name
die Nase(-n)	nose
natürlich	of course
der Naturpark(-s)	nature park
neben	next to
neblig	foggy
nehmen	to take
nervig	annoying
nett	nice
neu	new
nicht	not
nichts	nothing
nie	never
nochmal	again
normalerweise	normally
die Nudeln (pl)	pasta
die Nummer(-n)	number
die Nuss(¨e)	nut
nützlich	useful

O

oben	above
oder	or
oft	often

das Ohr(-en)	ear					
die Ohrenschmer-						
zen (pl)	earache					
Oktober	October					
die Orange(-n)	orange					
der Onkel	uncle					
der Orangensaft	orange juice					
Österreich	Austria					

P

der Park(-s)	park
das Partizip(-ien)	participle
der Partner(-)	partner (male)
die Party(-s)	party
pass auf	watch out
die Pause(-n)	break
die Pension(-en)	guest house
die Person(-en)	person
die Pflaume(-n)	plum
das Picknick(-s)	picnic
die Pizza(-s)	pizza
der Plan(¨e)	plan
planen	to plan
plaudern	to chat
der Po(-s)	bottom
die Polizei	police
die Pommes (pl)	chips
das Porte-	
monnaie(-s)	purse
die Post	post office
die Postkarte(-n)	postcard
der Preis(-e)	price, prize
preiswert	good value
prima	excellent
das Problem(-e)	problem
das Programm(-e)	programme
der Pullover(-)	jumper

R

das Rad(¨er)	bike
die Radtour(-en)	bike ride
das Rathaus(¨er)	town hall
das Rätsel(-)	puzzle
rechts	right
rausnehmen	
(familiar)	to take out
der Regen-	
schirm(-e)	umbrella
regnen	to rain
der Reis	rice
die Reise(-n)	trip
das Restaurant(-s)	restaurant
richtig	right
der Rock(¨e)	skirt
rot	red
der Rücken	back
der Rucksack(¨e)	rucksack

S

der Saal (Säle)	room
sagen	to say
die Sahne	cream
der Salat(-e)	lettuce
die Salbe(-n)	cream
Samstag	Saturday
die Sardine(-n)	sardine
der Schal(-s)	scarf
schauen	to look
die Scheibe(-n)	slice
der Schein(-e)	note
schicken	to send
das Schiff(-e)	ship
der Schinken	ham
schlafen	to sleep
schlecht	bad
schlimm	bad
schmecken	to taste
schneiden	to cut
es schneit	it's snowing
schnell	quick
Schnupfen	
haben	to have a cold
die Schokolade(-n)	chocolate
die Schokomilch	chocolate milk
schon	already
schön	beautiful, fine
Schottland	Scotland
schrecklich	terrible
schreiben	to write
die Schule(-n)	school
der Schüler(-)	pupil (male)
die Schulter(-n)	shoulder
schwänzen	to skive
schwarz	black
die Schwester(-n)	sister
schwierig	difficult
das Schwimm-	
bad(¨er)	swimming pool
schwimmen	
gehen	to go swimming
sehen	to see
sehr	very
sein	to be
sein, seine	his
seit (wann)	since (when)
die Seite(-n)	side, page
selten	rarely
sicher	sure
sie	she
Sie	you
Skifahren	to ski
die Socke(-n)	sock
sofort	straight away
im Sommer	in the summer

die Sommer-	summer
ferien (pl)	holidays
im Sonder-	
angebot	on special offer
die Sonnenbrille(-n)	sunglasses
sonnig	sunny
Sonntag	Sunday
die Sorte(-n)	sort
Spanien	Spain
spannend	exciting
sparen	to save
spät	late
spazieren gehen	to go for a walk
das Spiel(-e)	game
spielen	to play
Sport treiben	to do sport
das Sport-	
geschäft(-e)	sports shop
die Sporthalle(-n)	sports hall
die Sportschau(-en)	sports
	programme
der Sportschuh(-e)	trainer
sprechen	to speak
das Stadion	stadium
die Stadt(¨e)	town
das Stadtzentrum	town centre
der Stiefbruder(¨)	step-brother
die Stiefel (pl)	boots
die Straße(-n)	street
die Straßen-	
bahn(-en)	tram
streng	strict
das Stück(-e)	piece
die Stunde(-n)	hour
suchen	to look for
der Supermarkt(¨e)	supermarket
die Suppe(-n)	soup
die Süßigkeiten (pl)	sweets
sympathisch	likeable

T

der Tag(-e)	day
der Tagesablauf	daily routine
die Talkshow(-s)	talkshow
die Tante	aunt
tanzen	to dance
die Tanzstunde(-n)	dance lesson
die Tasche(-n)	bag
das Taschengeld	pocket money
der Tee	tea
das Telefon	telephone
Tischtennis	table tennis
das Toastbrot	toast bread
toll	great
die Tomate(-n)	tomato
ein Tor schießen	to score a goal
total	totally

die	Tour(-en)	tour
	tragen	to wear
	trainieren	to train
die	Traube(-n)	grape
	treffen	to meet
das	Trikot(-s)	jersey/top
	trinken	to drink
der	Trinkjoghurt	drinking yogurt
die	Tropfen (pl)	drops
	tschüs	bye
das	T-Shirt(-s)	t-shirt
die	Türkei	Turkey
	typisch	typical

U

die	U-Bahn	underground
	üben	to practise
	über	over, above
	übermorgen	the day after tomorrow
	übernachten	to stay the night
	überprüfen	to check
die	Übung(-en)	exercise
die	Uhr(-en)	clock
	um	at
	und	and
	uns	us
	unser, unsere	our
	unter	under
	unterwegs	on the way

V

der	Vater(-)	father
der	Vegetarier(-)	vegetarian (male)
	verbringen	to spend
	vergessen	to forget
das	Verkehrs-amt(-er)	tourist information office
	verlieren	to lose
	vermissen	to miss

	verständnisvoll	understanding
	verstehen	to understand
die	Verwandten (pl)	relatives
	verwenden	to use
	viel	much
	viele	many
	vielleicht	perhaps
	Viertel vor/ nach	quarter to/ past
	von	of, from
	vor	in front of
	vorgestern	the day before yesterday
der	Vormittag(-e)	morning

W

die	Wand(-e)	wall
	wann	when
	war (from sein)	was, were
	warm	warm
	warten	to wait
	warum	why
	was	what
	waschen	to wash
das	Wasser	water
der	Wecker(-)	alarm clock
	wegfahren	to go away
	weh tun	to hurt
	weiß	white
	welche	which
	wenn	if
	wer	who
das	Wetter	weather
der	Wetter-bericht(-e)	weather forecast
	wie	how
	wie geht's?	how are you?
	wieder	again
	wiederholen	to repeat
	auf Wieder-sehen	goodbye

	wie viel	how much
	wie viele	how many
	willkommen	welcome
	windig	windy
	windsurfen	to windsurf
	im Winter	in the winter
	wir	we
	wo	where
die	Woche(-n)	week
	wohnen	to live
die	Wohnung(-en)	flat
	wolkig	cloudy
das	Wort(-er)	word
das	Wörter-buch(-er)	dictionary
	wunderbar	wonderful
die	Wurst	sausage

Z

der	Zahn(-e)	tooth
der	Zahnarzt(-e)	dentist
die	Zahnpasta	toothpaste
die	Zahn-schmerzen (pl)	toothache
der	Zeh(-en)	toe
der	Zeichentrick-film(-e)	cartoon
die	Zeit	time
die	Zeitung(-en)	newspaper
	ziemlich	quite
die	Zitrone(-n)	lemon
	zu	to, too
der	Zucker	sugar
	zuerst	first of all
der	Zug(-e)	train
	zusammen	together
	zusammen-stellen	to put together
	zweimal	twice
	zu zweit	in twos
die	Zwiebel(-n)	onion
	zwischen	between

Englisch–Deutsch

A

a	ein
a bit	ein bisschen
about	gegen
above	oben
afternoon	der Nachmittag(-e)
afterwards	danach
again	nochmal, wieder
airplane	das Flugzeug(-e)
alarm clock	der Wecker(-)
already	schon
always	immer
and	und
annoying	nervig
apple	der Apfel(¨)
apricot	die Aprikose(-n)
arm	der Arm(-e)
to ask	fragen
aunt	die Tante
Austria	Österreich

B

back	der Rücken
bad	schlecht, schlimm
bag	die Tasche(-n)
baker's	die Bäckerei(-en)
banana	die Banane(-n)
to be able to	können
to be called	heißen
to be	sein
to begin	beginnen
best of all	am besten, am liebsten
better	besser
between	zwischen
big	groß
birthday	der Geburtstag(-e)
black	schwarz
blonde	blond
blouse	die Bluse(-n)
blue	blau
bookshop	die Buchhandlung(-en)
boots	die Stiefel (pl)
boring	langweilig
bottom	der Po(-s)
boutique	die Boutique(-n)
bread	das Brot
bread roll	das Brötchen(-)
break	die Pause(-n)
breakfast	das Frühstück
bridge	die Brücke(-n)
brother	der Bruder(¨)
bus	der Bus(¨se)
but	aber

butcher's	die Metzgerei(-en)
butter	die Butter
to buy	kaufen
bye	tschüs

C

café	das Café(-s)
cake shop	die Konditorei(-en)
camera	der Fotoapparat(-)
campsite	der Campingplatz(¨e)
car	das Auto(-s)
carrot	die Karotte(-n)
cartoon	der Zeichentrickfilm(-e)
to chat	plaudern
cheap	billig
checked	kariert
cheese	der Käse
chemist's	die Apotheke(-n)
cherry	die Kirsche(-n)
chicken	das Hähnchen(-)
children's programme	das Kinderprogramm(-e)
cinema	das Kino(-s)
clock	die Uhr(-en)
cloudy	wolkig
coffee	der Kaffee(-s)
cold	kalt
comb	der Kamm(¨e)
to come	kommen
comedy	die Komödie(-n)
computer	der Computer(-)
computer game	das Computerspiel(-e)
cousin	der Cousin (boy), die Cousine (girl)
cream	die Salbe(-n)
cucumber	Gurke(-n)

D

to dance	tanzen
dance lesson	die Tanzstunde(-n)
day	der Tag(-e)
Dear (on a letter)	Liebe/r
detective programme	die Krimiserie(-n)
dictionary	das Wörterbuch(¨er)
difficult	schwierig
disk	die Diskette(-n)
to do, make	machen
documentary	der Dokumentarfilm(-e)
to drink	trinken
to drive	fahren

drops	die Tropfen (pl)

E

ear	das Ohr(-en)
earache	die Ohrenschmerzen (pl)
to eat	essen
egg	das Ei(-er)
elbow	der Ellbogen(-)
England	England
English	Englisch
evening	der Abend(-e)
excellent	klasse, prima
exciting	spannend
exercise book	das Heft(-e)
eye	das Auge(-n)

F

face	das Gesicht(-er)
family	die Familie(-n)
father	der Vater(¨)
film	der Film(-e)
to find	finden
finger	der Finger(-)
fish	der Fisch
florist's	das Blumengeschäft(-e)
to fly	fliegen
foggy	neblig
foot	der Fuß (Füsse)
football	Fußball
for	für
to forget	vergessen
France	Frankreich
friend	der Freund(-e)
friendly	freundlich
frosty	frostig
funny	lustig

G

German	deutsch
Germany	Deutschland
to get up	aufstehen
to give	geben
glittery	glitzernd
to go	gehen
to go for a walk	spazieren gehen
to go jogging	joggen gehen
to go shopping	einkaufen gehen
to go swimming	schwimmen gehen
good	gut
gram	das Gramm
grandfather	der Großvater(¨)

grandmother	die Großmutter(¨)
grandparents	die Großeltern (pl)
grape	die Traube(-n)
great	toll
Greece	Griechenland
guest house	die Pension(-en)

H

hairdresser's	der Friseursalon(-s)
half-brother	der Halbbruder(¨)
half-sister	die Halb-schwester(-n)
ham	der Schinken
hand	die Hand(¨e)
handbag	die Handtasche(-n)
hat	die Mütze(-n)
to have	haben
to have to	müssen
he	er
head	der Kopf(¨er)
headache	die Kopfschmerzen (pl)
hello	grüß dich, guten Tag, hallo
her	ihr, ihre
his	sein, seine
holidays	die Ferien (pl)
homework	die Hausaufgaben (pl)
hot	heiß
hotel	das Hotel(-s)
how	wie
how are you?	wie geht's?
how many	wie viele
how much	wie viel
to hurt	weh tun

I

I	ich
ill	krank
in	in
interesting	interessant
Ireland	Irland
it	es, er, sie
Italy	Italien

J

jacket	die Jacke(-n)
jam	die Marmelade
jumper	das Trikot(-s), der Pullover(-)

K

kilo	das Kilo
kiosk	das Kiosk
knee	das Knie(-n)

L

last	letzte
late	spät
to laze	faulenzen
left	links
leg	das Bein(-e)
lemon	die Zitrone(-n)
lettuce	der Salat(-e)
likeable	sympathisch
lip	die Lippe(-n)
to listen to	hören
to live	wohnen
to lose	verlieren
loud	laut

M

many	viele
market	der Markt(¨e)
medicine	das Medikament
milk	die Milch
moody	launisch
mother	die Mutter(¨)
mouth	der Mund(¨er)
Mr	Herr
Mrs	Frau
much	viel
muesli	das Müsli
mushroom	der Champignon(-s)
music programme	die Musiksend-ung(-en)
music shop	der Musikladen(¨)
my	mein, meine

N

neck	der Hals(¨e)
new	neu
news	die Nachrichten (pl)
next	als nächstes
next to	neben
nice	nett
nose	die Nase(-n)
not	nicht
not a	kein, keine
nothing	nichts
now	jetzt

O

of course	natürlich
often	oft
on	auf, an
one (you)	man
onion	die Zwiebel(-n)
opposite	gegenüber von
or	oder
orange	die Orange(-n)
our	unser, unsere

out	aus
over (above)	über

P

pair of jeans	die Jeans
pair of trousers	die Hose(-n)
pasta	die Nudeln (pl)
patent shoe	der Lackschuh(-e)
pear	die Birne(-n)
perhaps	vielleicht
to phone	anrufen
pizza	die Pizza(-s)
platform (train)	das Gleis(-e)
to play	spielen
please	bitte
to please	gefallen
plum	die Pflaume(-n)
pocket money	das Taschengeld
post office	die Post
potato	die Kartoffel(-n)
purse	das Portemonnaie(-s)

Q

quick	schnell

R

to rain	regnen
to read	lesen
red	rot
relatives	die Verwandten (pl)
return (ticket)	hin und zurück
rice	der Reis
right	rechts, richtig
rucksack	der Rucksack(¨e)

S

sandwich	das Butterbrot
sausage	die Wurst
to save	sparen
to say	sagen
scarf	der Schal(-s)
Scotland	Schottland
to see	sehen
she	sie
ship	das Schiff(-e)
shirt	das Hemd(-en)
shoulder	die Schulter(-n)
single (ticket)	einfach
sister	die Schwester(-n)
skirt	der Rock(¨e)
slowly	langsam
small	klein
soap opera	die Familienserie(-n)
sock	die Socke(-n)
sometimes	manchmal
soon	bald

sore throat	die Halsschmerzen (pl)	the	die, der, das	**V**	
Spain	Spanien	then	dann	vegetables	das Gemüse
to speak	sprechen	there is/are	es gibt	vegetarian	der Vegetarier(-)
to spend (money)	ausgeben	this	dieser, diese, dieses	very	sehr
sports programme	die Sportschau(-en)	tie	die Krawatte(-n)	to visit	besichtigen, besuchen
sports shop	das Sportgeschäft(-e)	tired	müde		
spotty	gepunktet	tiring	anstrengend	**W**	
station	der Bahnhof(-e)	to	nach, zu	to wake up	aufwachen
to stay	bleiben, übernachten	today	heute	warm	warm
step-brother	der Stiefbruder(-)	toe	der Zeh(-e)	to watch television	fernsehen
stew	der Eintopf(-e)	tomato	die Tomate(-n)	we	wir
stomach	der Bauch	tomorrow	morgen	to wear	tragen
stomach ache	die Bauchschmerzen (pl)	too	auch	weather forecast	der Wetterbericht(-e)
		tooth	der Zahn(-e)		
straight on	geradeaus	toothache	die Zahnschmerzen (pl)	what	was
strawberry	das Erdbeer(-en)			when	wann
street	die Straße(-n)	toothpaste	die Zahnpasta	where	wo
strict	streng	tourist information office	das Verkehrsamt(-er)	which	welche
striped	gestreift			who	wer
stupid	doof	towel	das Handtuch(-er)	why	warum
summer holidays	die Sommerferien (pl)	town hall	das Rathaus(-er)	windy	windig
		train	der Zug(-e)	with	mit
sunglasses	die Sonnenbrille(-n)	trainer	der Sportschuh(-e)	wonderful	wunderbar
sunny	sonnig	tram	die Straßenbahn(-en)	to write	schreiben
supermarket	der Supermarkt(-e)	t-shirt	das T-Shirt(-s)	wrong	falsch
sweets	die Süßigkeiten (pl)				
		U		**Y**	
T		umbrella	der Regenschirm(-e)	yesterday	gestern
to take	nehmen	uncle	der Onkel	yogurt	der Joghurt
talkshow	die Talkshow(-s)	under	unter	you	du, Sie, ihr
tasty	lecker	underground	die U-Bahn	young person	der Jugendliche (-n)
tea	der Tee	to understand	verstehen	your	dein, deine
thanks a lot	danke schön/sehr, vielen Dank	understanding	verständnisvoll	youth club	das Jugendclub (-s)
		unfortunately	leider	youth hostel	die Jugendherberge (-n)